Enséñame Tus Caminos

Kay Arthur

ISBN 978-1-62119-180-3

Este libro fue publicado en inglés
con el título Teach Me Your Ways
por Harvest House Publishers
2001 por Ministerios Precepto

**ENSÉÑAME TUS
CAMINOS**

*I*NDICE

꙰ ꙰ ꙰ ꙰

Cómo Empezar...

A veces es difícil leer instrucciones. Tú sencillamente quieres empezar y sólo si las cosas no resultan bien, entonces lees las instrucciones. Lo comprendemos, pero en este caso no lo hagas así. Estas instrucciones son parte del proceso y te ayudarán mucho.

PRIMERO
Hablemos sobre las cosas que necesitarás para hacer este estudio. Además de este libro, necesitarás cuatro "herramientas":

1. Una Biblia (te recomendamos la Biblia de Estudio Inductivo. Es ideal para esta clase de estudio porque es fácil de leer, tiene amplios márgenes, el texto bíblico en una sola columna, muy buen papel y muchas ayudas para el estudio).

2. Un juego de lápices o marcadores de colores.

3. Un cuaderno de notas para tus tareas y observaciones.

4. Una bolígrafo de cuatro colores distintos para marcar tu Biblia.

SEGUNDO

Aunque recibirás instrucciones específicas para el estudio de cada día, hay algunos aspectos importantes que necesitas conocer, hacer y recordar al estudiar cada libro capítulo por capítulo.

1. Cuando leas cada capítulo trata de hacer las seis preguntas básicas: ¿Quién? ¿Qué? ¿Cómo? ¿Cuándo? ¿Dónde? ¿Por qué?

Hacer preguntas te ayudará a entender con exactitud qué dice la Palabra de Dios. Haz preguntas como éstas:

a. **¿De qué** trata este capítulo?
b. **¿Quiénes** son los personajes principales?
c. **¿Cómo** ocurrió?
d. **¿Cuándo** ocurrió ese acontecimiento o enseñanza?
e. **¿Dónde** ocurrió?
f. **¿Por qué** se hizo o se dijo?

2. El "cuándo" de los acontecimientos o las enseñanzas es muy importante y debes señalarlo de manera que puedas localizarlo con facilidad en tu Biblia. Nosotros dibujamos un círculo en el margen de nuestra Biblia. Subraya las expresiones que tienen que ver con tiempo con un color específico.

Recuerda que el tiempo puede expresarse de distintas maneras: Mencionar una fecha o señalar un acontecimiento como una fiesta, el período en el cual un rey específico gobernó y otras más. El tiempo también se puede indicar con palabras tales como: *entonces, cuando, después, en este momento* y otras.

3. Hay ciertas palabras clave que debes subrayar de manera distinta en tu Biblia. Usa los lápices y bolígrafos de colores. Desarrolla el hábito de subrayar tu Biblia, pues mejorará tu manera de estudiar y recordar lo estudiado.

Una **palabra clave** es una palabra importante que el autor usa repetidamente para dar a entender su mensaje a los lectores. Hay ciertas palabras o frases clave que encontrarás en todo el libro, mientras que otras se concentrarán en ciertos capítulos o secciones del libro. Cuando marques una palabra clave, señala además los pronombres que se relacionan con ella (*él, ella, su, nosotros, ellos, nuestro, de ellos*) y sus sinónimos.

Por ejemplo, una de las palabras clave que marcarás en Génesis es *pacto*. Utilizamos la misma forma para señalar la palabra *pacto* en toda nuestra Biblia de Estudio Inductivo. La coloreamos con color rojo y la encerramos en un cuadro amarillo.

Necesitarás idear una lista de colores para esas palabras. Así, cuando mires una página de tu Biblia, verás inmediatamente dónde se usa una palabra en particular. Cuando empiezas a subrayar las palabras clave con distintos colores y símbolos, es fácil olvidar cómo has subrayado ciertas palabras. Por tanto, te ayudará hacer una tarjeta de 9x15 donde escribas las palabras clave y el color que usaste para cada una de ellas. Puedes usarla como un separador en tu Biblia.

Subraya las palabras para identificarlas con facilidad. Puedes hacerlo por medio de colores, símbolos o una combinación de ambos. Pero los colores son más fáciles de distinguir que los símbolos. Si usas símbolos, hazlos sencillos. Por ejemplo, coloreamos, *arrepentirse* en amarillo y dibujamos encima una flecha roja ⤵. El símbolo explica el significado de arrepentirse: Un cambio en la manera de pensar.

Cuando marcamos los nombres de los miembros de la Deidad (no siempre lo hacemos), coloreamos con color amarillo cada referencia al Padre, al Hijo o al Espíritu Santo. Además usamos un bolígrafo color púrpura y marcamos al Padre con un triángulo △ que simboliza la Trinidad. Las referencias al Hijo las señalamos así ⟍, y al Espíritu Santo de esta otra manera ⌢⌢.

4. Como el lugar geográfico es tan importante en un libro histórico o biográfico de la Biblia, te ayudará subrayar estas referencias de manera particular. Subrayamos cada palabra que se refiere al lugar con color verde (¡la hierba y los árboles son verdes!). Además observamos los mapas y así nos ubicamos en el contexto geográfico. Si tienes una Biblia de Estudio Inductivo encontrarás mapas en el texto bíblico.

5. Cuando termines de estudiar el capítulo, escribe el tema principal del mismo en el cuadro del PANORAMA GENERAL localizado al final del estudio de cada libro. Anótalo en la línea junto al capítulo correspondiente. Si tienes una Biblia de Estudio Inductivo, anota los temas del capítulo en el cuadro del PANORAMA GENERAL al final de cada libro en tu Biblia. Así tendrás un registro permanente de tus estudios en tu Biblia que te ayudará para cualquier referencia futura.

6. Si estás estudiando en grupo y te parece que las lecciones son demasiado difíciles, entonces sencillamente haz lo que puedas. Hacer un poco es mejor que nada. No seas una persona de "todo o nada" en cuanto al estudio de la Biblia.

Recuerda, cada vez que te acercas a la Palabra de Dios, entras en una intensa guerra con el enemigo. ¿Por qué? Porque todas las partes de la armadura del cristiano se relacionan con la Palabra de Dios. Y nuestra única arma ofensiva es la espada del Espíritu, que es la Palabra de Dios. El enemigo quiere que tengas una espada sin filo. ¡No se lo permitas!

7. Cada día al terminar tu lección, medita sobre lo estudiado y pregúntale a tu Padre Celestial cómo debes vivir a la luz de las verdades que acabas de observar. Según Dios te hable, es posible que desees escribir esas "lecciones para la vida" en el margen de tu Biblia junto al texto que estudiaste. La Biblia de Estudio Inductivo te sugiere que escribas "LPV" en el margen y entonces, de la manera más breve posible anota las Lecciones Para la Vida que quieras recordar.

8. Empieza siempre tu estudio con oración. Para que uses la Palabra de Dios con exactitud, debes recordar que la Biblia es un libro divinamente inspirado. Las palabras que lees son verdaderas. Dios te las ha dado para que puedas conocerlo a Él y también Sus caminos. Estas verdades se revelan divinamente.

> Pero Dios nos las reveló a nosotros por el Espíritu; porque el Espíritu todo lo escudriña, aun lo profundo de Dios. Porque ¿quién de los hombres sabe las cosas del hombre, sino el espíritu del hombre que está en él? Así tampoco nadie conoció las cosas de Dios, sino el Espíritu de Dios.
> (1 Corintios 2:10,11).

Por lo tanto, pídele a Dios que te revele Su verdad y te guíe a ella. Él lo hará si se lo pides.

TERCERO

Este libro está diseñado para llevarte cada día a la Palabra de Dios. Ya que no sólo de pan vivirá el hombre, sino de toda palabra que sale de la boca de Dios: Necesitamos Su ayuda diariamente.

Cada día de la semana tendrás que realizar una tarea, pero el Séptimo Día es distinto a los otros. En él nos enfocaremos en una verdad principal cubierta en el estudio de esa semana. Encontrarás uno o dos versículos para memorizar y PARA GUARDAR EN TU CORAZÓN. También hay un pasaje para LEER Y DISCUTIR. Será muy provechoso para los que usan este material en una clase, ya que permitirá que enfoquen su atención en una parte importante de las Escrituras. Para más ayuda personal o para toda la clase, encontrarás PREGUNTAS OPCIONALES PARA LA DISCUSIÓN O ESTUDIO INDIVIDUAL. A ellas le sigue un PENSAMIENTO PARA LA SEMANA que te ayudará a entender cómo vivir a la luz de lo aprendido.

Cuando discutas la lección de la semana, asegúrate de respaldar tus respuestas y observaciones con la Biblia misma. Así estarás usando la Palabra de Dios de una manera aprobada por Él. Examina siempre tus apreciaciones, observando cuidadosamente el texto para ver qué *dice*. Luego, antes de decidir qué *significa* un pasaje, asegúrate de interpretarlo a la luz de su contexto.

Las Escrituras nunca se contradicen a sí mismas. Si alguna vez pareciera así, puedes estar seguro que en algún momento algún pasaje se ha tomado fuera de su contexto. Si encuentras un pasaje difícil, guarda tus interpretaciones para otra oportunidad cuando puedas estudiarlo más a fondo.

Los libros de la Serie Internacional de Estudios Inductivos son cursos panorámicos. Si deseas estudiar algún libro de la Biblia con más profundidad, te sugerimos tomar el curso de estudio bíblico Precepto Sobre Precepto de ese libro. Puedes obtener más información escribiendo a Ministerios Precepto, P. O. Box 182218, Chattanooga, TN 37422 U.S.A., o llamando a las oficinas de Precepto en tu país.

GÉNESIS

GÉNESIS
TODO FUE CREADO POR MEDIO DE ÉL
Y PARA ÉL.....

ᘯᘯᘯᘯ

Génesis es el libro de los orígenes. Si deseas conocer dónde comenzó todo — la creación, el hombre, el matrimonio, el pecado, las civilizaciones — entonces Génesis es el libro que necesitas estudiar. Génesis presenta la base para toda la Palabra de Dios.

Cuando leas el libro de Génesis, encontrarás que los primeros once capítulos se ocupan de cuatro acontecimientos principales: La creación, la caída del hombre, el diluvio y la creación de las naciones por medio de la confusión del lenguaje en la torre de Babel. El resto de Génesis, los capítulos 12 al 50, se centrarán en cuatro personajes importantes: Abraham, Isaac, Jacob (Israel) y José.

En ocho breves semanas, no sólo tendrás una buena comprensión de este libro importante, sino también un conocimiento más íntimo de tu Dios y Sus caminos. ¡Te aseguramos que conocer y responder a tal comprensión te transformará!

PRIMERA SEMANA

PRIMER DÍA

Lee Génesis 1. Marca de manera distinta las siguientes dos frases, cada vez que aparezcan: *Dijo Dios, y fue la tarde y fue la mañana* _____ día[1]. Observa qué se creó, cómo y cuándo. Si hay espacio, escríbelo en el margen de tu Biblia junto a los versículos correspondientes.

Cuando termines de leer cada capítulo de Génesis, escribe su tema en el cuadro del PANORAMA DE GÉNESIS en la página 44-45. El tema de un capítulo se obtiene al observar el asunto o la persona de la que más se habla en ese capítulo. Puedes también anotar el tema en tu Biblia junto al número del capítulo.

SEGUNDO DÍA

Al estudiar la Biblia verás que a veces el autor explica algo y después vuelve al mismo tema y lo cubre de nuevo, agregando información adicional.

Lee con cuidado Génesis 2, pues da información más detallada de lo que hizo Dios cuando creó los cielos y la tierra.

Mientras lees, haz una lista cuidadosa de las instrucciones de Dios para el hombre. También observa cómo fue creada la mujer y cómo debía ser la relación entre el hombre y la mujer.

Escribe tus conclusiones en tu cuaderno de notas. Si tienes espacio en el margen de tu Biblia, puedes anotarlas allí. Haz esto a lo largo de este estudio. Si escribes tus observaciones en tu Biblia, siempre las tendrás contigo. Lee Mateo 19:3-9, ya que es una excelente cita relacionada a Génesis 2. Si deseas recordar este pasaje que se relaciona con Génesis, escribe la cita de los versículos de Mateo junto al pasaje correspondiente en Génesis 2.

TERCER DÍA

Lee Génesis 3 y Apocalipsis 12:9; 20:2. Marca toda referencia a la serpiente (Satanás, el diablo) con un tridente rojo ⱱ. Escribe lo que aprendas de él y sus tácticas.

CUARTO DÍA

Lee Génesis 3 nuevamente. Esta vez concéntrate en la mujer. Haz las seis preguntas básicas: ¿Quién? ¿Qué? ¿Cómo? ¿Cuándo? ¿Dónde? ¿Por qué? acerca de la mujer y lo que hace en este capítulo.

Escribe todo lo que aprendas acerca de la mujer, incluyendo cómo se le llamó y por qué.

Observa la secuencia de acciones que la llevaron a comer el fruto del árbol de la ciencia del bien y del mal.

Escribe lo que dijo Dios que le ocurriría a la serpiente, a Adán y a la mujer.

QUINTO DÍA

Lee Génesis 4. Escribe qué aprendes acerca de Caín y Abel. Después sigue la descendencia de Caín que aparece en este capítulo. Observa qué hicieron esos hombres. Así tendrás una mejor compresión de la civilización humana desde sus inicios.

SEXTO DÍA

Lee Génesis 4:25-5:32. Presta atención a lo que aprendas acerca de Set y Enós. Marca la frase "*a semejanza* de" y nota el contraste entre las dos veces que aparece esta frase. También subraya la frase clave repetida "*y murió*" y anota en el margen de tu Biblia cuánto tiempo vivió cada hombre antes de morir.

Estudia el cuadro localizado en la página 46 y observa que Adán fue contemporáneo de Lamec, como Lamec lo fue de Noé y Noé de Abraham. Interesante, ¿verdad?

SÉPTIMO DÍA

Para guardar en tu corazón: Génesis 3:15.

Para leer y discutir: Génesis 3:1-15; Romanos 5:12, 3:10-12; Isaías 53:6.

PREGUNTAS OPCIONALES PARA LA DISCUSIÓN O ESTUDIO INDIVIDUAL

∾ ¿Qué aprendes acerca del pecado en estos versículos? Por ejemplo, tomando en cuenta lo que hicieron Adán y Eva y por la forma como la serpiente tentó a Eva, ¿qué dirías que es el pecado? Escribe tus observaciones y explícalas.

∾ Quizás conozcas otros versículos que definen el pecado. De ser así, compártelos.

∾ ¿Qué aprendes en Génesis y en otros versículos sobre las consecuencias del pecado?

∾ Si la raíz del pecado es "apartarse por su propio camino", es decir, andar separado de Dios, ¿cuáles serían los resultados de ese estilo de vida?

∾ ¿Quién o qué gobierna tu vida? ¿Cómo lo sabes y por qué?

∾ Génesis es el libro de los orígenes. Discute las "primeras" impresiones que has tenido de estos cinco capítulos de Génesis (el primer hombre y la primera mujer, por ejemplo).

∾ ¿Cómo se comparan las verdades de Génesis 1-5 con lo que has aprendido de otros? ¿A quién le creerás?

PENSAMIENTO PARA LA SEMANA

¿Haz reconocido que eres pecador y que sólo hay Uno que puede perdonar tus pecados y librarte de la esclavitud del pecado? Es el Señor Jesucristo, la Simiente de la mujer quien hirió la cabeza de la serpiente.

El nacimiento de Jesucristo fue como sigue: estando Su madre María comprometida para casarse con José, antes de que se llevara a cabo el matrimonio, se halló que había concebido por obra del Espíritu Santo. Entonces José su marido, siendo un hombre justo y no queriendo denunciarla públicamente, quiso abandonarla en secreto. Pero mientras pensaba en esto, se le apareció en sueños un ángel del Señor, diciéndole: "José, hijo de David, no temas recibir a María tu mujer, porque el Niño que se ha engendrado en ella es del Espíritu Santo. Y dará a luz un Hijo, y Le pondrás por nombre Jesús, porque El salvará a Su pueblo de sus pecados."
(Mateo 1:18-21).

SEGUNDA SEMANA

PRIMER DÍA

Lee Génesis 6. Marca toda referencia al *hombre*. Incluye los pronombres correspondientes, pero no marques la frase "hijos de Dios". Escribe lo aprendido de estas referencias. También señala la palabra *pacto* y escribe en el margen de tu Biblia lo que aprendas acerca de él. Además marca cada referencia a Noé y registra lo que aprendas de él.

SEGUNDO DÍA

Lee Génesis 7. Señala cada referencia al tiempo. Dibuja un pequeño círculo en el margen. A simple vista reconocerás las frases relacionadas al tiempo. También marca las referencias a Noé y al arca. Anota todo lo aprendido en relación al arca.

TERCER DÍA

Lee Génesis 8. Señala toda mención del tiempo y de Noé. Escribe qué aprendes acerca de Noé.

ᴄᴏ

CUARTO DÍA

Lee Génesis 9. Marca la palabra *pacto* cada vez que la encuentres. Además marca todas las referencias acerca de Noé. Anota qué aprendiste al marcar la palabra *pacto* y de las referencias a Noé.

Compara Génesis 9:5,6 con Números 35:29-34 y Deuteronomio 21:1-9.

ᴄᴏ

QUINTO DÍA

Lee Génesis 10. Nota la descendencia de Jafet, de Cam y mira que puedes concluir de Sem. Observa la repetición de la frase, *conforme a*[2]. Será interesante estudiar el mapa de la página 20.
Observa qué sucede en Génesis 10:25.

ᴄᴏ

SEXTO DÍA

Lee Génesis 11. Marca la palabra *lengua*[3] y haz una lista de todo lo que aprendas al marcar esta palabra. También marca la palabra *Babel* en este capítulo y en Génesis 10:10. Escribe en tu cuaderno de notas qué aprendes acerca de Babel. (Si tienes una Biblia de Estudio Inductivo, busca el cuadro en la página 1974 para unificar tus observaciones).

ᴄᴏ

SÉPTIMO DÍA

Para guardar en tu corazón: Génesis 6:7, 8.
Para leer y discutir: Génesis 6; 7:11-23; 2 Pedro 3:3-7; Mateo 24:36-44.
Al usar las seis preguntas básicas, aprende todo lo posible acerca del diluvio y somételo a discusión. Busca tus respuestas en los pasajes señalados. Recuerda incluir la razón del diluvio.

PREGUNTAS OPCIONALES PARA LA DISCUSIÓN O ESTUDIO INDIVUDUAL

∽ Según 2 Pedro 3:3-7, ¿aceptan todas las personas un diluvio universal? ¿Por qué crees que responden así?

∽ En Mateo 24:36-44, Jesucristo usa el diluvio como ilustración. ¿Qué aspecto del diluvio quiso señalar cuando lo compara con la segunda venida de nuestro Señor Jesucristo?

∽ Las personas aceptan con facilidad que Dios es un Dios de amor, pero les es difícil aceptar que Dios juzga. ¿Por qué crees que sucede así?

∽ ¿Cómo te sientes cuando escuchas acerca del juicio de Dios?

∽ ¿Qué has aprendido esta semana acerca de Dios y Su manera de actuar?

PENSAMIENTO PARA LA SEMANA

Los días anteriores a la venida del Hijo del Hombre, el Señor Jesucristo, serán semejantes a los días de Noé. Los que no creen en Su segunda venida y en el juicio relacionado con ese acontecimiento, no estarán preparados tal como no estaban las personas en la época de Noé. ¿Cómo está tu vida? ¿Estás listo, consciente que el Señor puede venir en cualquier momento? ¿Estás preparado para encontrarte cara a cara con tu Dios?

El Establecimiento de los Descendientes de Sem, Cam y Jafet

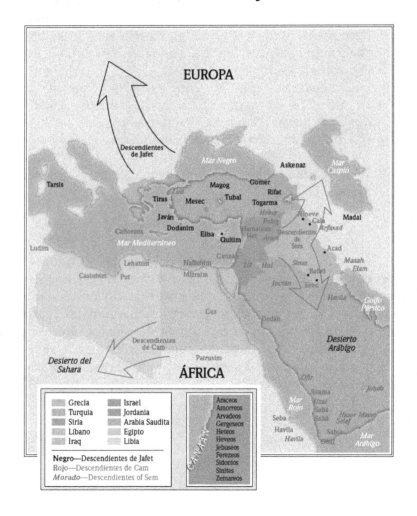

TERCERA SEMANA

PRIMER DÍA

Lee Génesis 11:26-12:20. Marca cada referencia acerca de Abram y escribe todo lo aprendido de él en este pasaje de las Escrituras. Cuando descubras la edad de Abram, anótala en el margen de tu Biblia. (Más adelante leerás que Dios cambia el nombre de Abram por Abraham). Al leer la lección de hoy, consulta este mapa.

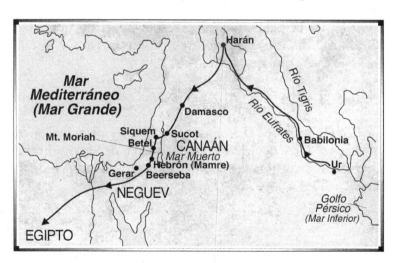

Viajes de Abraham

Segundo Día

Lee Génesis 13. Marca todas las referencias a Abram, Lot y Sodoma. Observa qué le dice Dios a Abram, cuándo se lo dice y cuál fue su respuesta.

Tercer Día

Lee Génesis 14. Marca cada referencia a Abram, Lot, Sodoma, Gomorra y Melquisedec. Haz una lista de lo que aprendes de cada uno. Es importante leer también Hebreos 6:19-7:6.

Cuarto Día

Lee Génesis 15. Resume y anota todas las promesas de Dios a Abram. Subraya la palabra *pacto*. Después escribe qué hizo Abram ese día, qué ocurrió, qué prometió Dios y qué le dijo Dios a Abram que ocurriría.

Quinto Día

Lee Génesis 16. Hay cuatro personajes principales en este capítulo. Escribe qué aprendes acerca de Sarai, Abram, Agar e Ismael. Anota la edad de Abram en el margen de tu Biblia.

Sexto Día

Lee Génesis 17. Marca la palabra *pacto* como lo has hecho anteriormente. Además, marca de manera distinta la palabra *circuncidado*. Escribe qué aprendes acerca de Abram, Sarai, Ismael e Isaac. Deja espacio para añadir más información a tu lista que obtendrás al continuar tu estudio en el libro de Génesis. Escribe la edad de Abraham en el margen de tu Biblia.

SÉPTIMO DÍA

Para guardar en tu corazón: Génesis 15:6. Para Leer y discutir: Génesis 12:1-3; 15:1-21; Gálatas 3:6-9. Comparte también Romanos 4:1-12, 16-22.

PREGUNTAS OPCIONALES PARA LA DISCUSIÓN O ESTUDIO INDIVIDUAL

∾ ¿Específicamente, qué le prometió Dios a Abram en Génesis 12:1-3?

∾ Analiza la manera que Dios trató con Abram en Génesis 15. ¿Qué procedimiento siguió Dios al hacer un pacto con Abram? La palabra hebrea para pacto significa un convenio o acuerdo que se realiza al pasar entre pedazos de carne.

∾ ¿Cuáles fueron las condiciones del pacto? ¿De parte de quién?

∾ ¿Qué edad tenían Abraham y Sara cuando Isaac nació?

∾ Al pensar en la manera que Dios trató con Abraham, ¿qué aprendes acerca de Dios y Sus caminos? ¿Cumple Sus promesas? ¿Siempre actúa inmediatamente para cumplir Su Palabra? ¿Por qué crees que Dios actúa como lo hace?

∾ ¿Qué aprendiste acerca de Dios y de la fe de Abraham que puedas poner en práctica en tu propia vida?

∾ ¿Qué aprendiste sobre la circuncisión esta semana? ¿Con qué propósito se hacía? ¿Qué importancia tenía el ser circuncidado?

PENSAMIENTO PARA LA SEMANA

¿En qué está puesta tu confianza para ser salvo? ¿Será, en las obras, la circuncisión, el bautismo o en las promesas de Dios? ¿Sobre qué base fue declarado Abraham justo delante de Dios habiendo nacido pecador? ¿Eres tú más grande que Abraham o menos pecador que él?

Porque por gracia ustedes han sido salvados por medio de la fe, y esto no procede de ustedes, sino que es don de Dios; no por obras, para que nadie se gloríe. Porque somos hechura Suya, creados en Cristo Jesús para hacer buenas obras, las cuales Dios preparó de antemano para que anduviéramos en ellas. (Efesios 2:8-10).

CUARTA SEMANA

PRIMER DÍA

Lee Génesis 18. Observa la promesa que Dios le hizo a Sara y la respuesta de ella. ¿Qué aprendes en este capítulo sobre la relación del Señor con Abraham y la acción del Señor sobre Sodoma y Gomorra? Examínalo a la luz de las seis preguntas básicas.

SEGUNDO DÍA

Lee Génesis 19. Sigue los detalles de este relato cuidadosamente. Escribe todo lo que aprendas acerca de la gente de Sodoma y la relación de Lot con ellos. Además observa la respuesta de los distintos miembros de la familia de Lot a esta situación.

Lee 2 Pedro 2:1-10 y escribe qué aprendes acerca de Sodoma, Gomorra y Lot.

TERCER DÍA

Lee Génesis 20. Continúa haciendo tu lista y añade más información sobre los tres personajes principales que se mencionan en este capítulo: Abraham, Sara y Abimelec.

CUARTO DÍA

Lee Génesis 21. Escribe qué información obtienes acerca de Abraham, Sara, Isaac, Agar e Ismael. Presta especial atención a la relación que existe entre ellos en este capítulo. Además marca la palabra *pacto*[4] y anota qué aprendes acerca de Abraham y Abimelec.

Escribe la edad de Abraham en el margen de tu Biblia. ¿Qué edad tenía Sara? Busca en Génesis 17:17.

QUINTO DÍA

Lee Génesis 22. Marca las siguientes palabras: *amas, adoraremos* y *obedecido*[5]. Presta mucha atención al uso que se les da, porque ésta es la primera vez que estas palabras aparecen en el libro de Génesis. También marca las palabras *cordero* y *carnero* cada vez que las encuentres.

Además, escribe cómo se llamó el lugar y por qué.

SEXTO DÍA

Lee Génesis 23. Anota lo que aprendas acerca de Abraham y Sara.

SÉPTIMO DÍA

Para guardar en tu corazón: Génesis 22:12.

Para leer y discutir: Génesis 21:1-12; 22:1-18; Hebreos 11:1,2,6 y 17-19.

PREGUNTAS OPCIONALES PARA DISCUSIÓN O ESTUDIO INDIVIDUAL

∾ ¿Qué aprendes sobre la relación entre Isaac e Ismael?

∾ ¿Por qué los descendientes de Abraham se cuentan a partir de Isaac, cuando Ismael nació primero?

∾ ¿Por qué Dios le dijo a Abraham que le ofreciera a Isaac en holocausto? ¿Por qué obedeció Abraham a Dios? ¿Qué sentía Abraham por Isaac? ¿Cómo lo sabes?

∾ ¿Qué aprendes de Dios y Sus caminos en este pasaje? Si el tiempo lo permite, puedes comentar Génesis 19 y el tema de la homosexualidad, aunque éste se discutirá con más profundidad en el libro de Levítico. Si entras al tema de la homosexualidad, busca Levítico 18:22; 20:13; Romanos 1:26,27; 1 Corintios 6:9-11; Gálatas 5:19-21; Judas 7; Apocalipsis 21:7,8. Comparte las enseñanzas encontradas en estos pasajes.

PENSAMIENTO PARA LA SEMANA

¿Existe algo o alguien que sientas no poder confiarle a Dios? Cuando puedas entregarle todo sin reservas a Dios y puedas rendir todo sobre el altar de la obediencia, entonces Dios sabrá que le tienes temor por quien es y por lo que ha prometido en Su Palabra. Recuerda que Él es "Jehová jireh", el Proveedor.

Entonces, ¿qué diremos a esto? Si Dios está por nosotros, ¿quién estará contra nosotros? El que no negó ni a Su propio Hijo, sino que Lo entregó por todos nosotros, ¿cómo no nos dará también junto con El todas las cosas?(Romanos 8:31, 32).

QUINTA SEMANA

PRIMER DÍA

Lee Génesis 24:1-28. Observa con cuidado las instrucciones de Abraham a su siervo y los detalles de los siguientes eventos.

SEGUNDO DÍA

Lee Génesis 24:29-49. Repasa los versículos 1 al 49 de este capítulo. Haz una lista de todo lo que aprendas acerca de Rebeca en estos versículos. ¿Qué clase de mujer era ella?

TERCER DÍA

Lee Génesis 24:50-67. Añade las enseñanzas que aprendes acerca de Rebeca en estos versículos a tu lista. Cuando leas Génesis 24:61-67, examina el encuentro de Isaac y Rebeca usando las seis preguntas básicas.

CUARTO DÍA

Lee Génesis 25:1-20. Anota las edades de Abraham e Isaac en el margen de tu Biblia junto a los versículos correspondientes.
Escribe lo que aprendas acerca de Abraham, Isaac e Ismael en este capítulo.

QUINTO DÍA

Lee Génesis 25:19-26:35. Escribe qué aprendes acerca de Isaac, Jacob y Esaú. También anota en el margen de tu Biblia cualquier referencia a la edad de ellos. Además subraya las palabras *pacto*[6] y *juramento* cada vez que aparezcan.

SEXTO DÍA

Lee Génesis 27. Marca cada repetición de la palabra *bendecir* y sus sinónimos en este pasaje. Observa cuidadosamente las acciones de Isaac, Rebeca, Jacob y Esaú. Además nota las diferencias en las bendiciones de cada uno.

SÉPTIMO DÍA

 Para guardar en tu corazón: Génesis 25:23,24 o Hebreos 12:15,16.
Para leer y discutir: Génesis 25:27-34; Hebreos 12:1-3, 14-17.

PREGUNTAS OPCIONALES PARA DISCUSIÓN O ESTUDIO INDIVIDUAL

ᖇ ¿Qué has aprendido acerca de Jacob y Esaú en esta semana?

ᖇ ¿Qué es la primogenitura? Busca Deuteronomio 21:15-17. ¿Por qué era importante?

ᖇ ¿Qué valor le dio Esaú a su primogenitura? ¿Qué te dice esto acerca de él?

∝ ¿Cuál es tu "primogenitura" como hijo de Dios? ¿Qué valor le das? ¿Por qué?

PENSAMIENTO PARA LA SEMANA

Esaú se fijó en las necesidades del momento en lugar de las promesas del futuro y al hacer eso, vendió su primogenitura por un plato de lentejas. ¿Estás tentado a ofrecer algo en el altar de la conveniencia, que va en contra de tu primogenitura o tus obligaciones como hijo de Dios? No te desanimes, porque a su tiempo segarás la cosecha de justicia si no desmayas.

Por tanto no desfallecemos, antes bien, aunque nuestro hombre exterior va decayendo, sin embargo nuestro hombre interior se renueva de día en día. Pues esta aflicción leve y pasajera nos produce un eterno peso de gloria que sobrepasa toda comparación, al no poner nuestra vista en las cosas que se ven, sino en las que no se ven. Porque las cosas que se ven son temporales, pero las que no se ven son eternas. (2 Corintios 4:16-18).

SEXTA SEMANA

PRIMER DÍA

Lee Génesis 28. Marca la palabra *bendecido* y sus sinónimos. Escribe qué hacen Esaú y Jacob. Observa el compromiso de Jacob con el Señor.

SEGUNDO DÍA

Lee Génesis 29. Observa con cuidado qué ocurre en la relación de estas personas: Labán, Jacob, Raquel y Lea.

TERCER DÍA

Lee Génesis 30. Observa el conflicto entre Raquel y Lea. Fíjate quién le nació a quién. Después analiza la relación entre Labán y Jacob y cómo éste último prospera.

CUARTO DÍA

Lee Génesis 31. Marca la palabra *pacto*[7] y observa las distintas cosas que se hacen para confirmar el pacto. Fíjate en la palabra *Mizpa* y su significado.

QUINTO DÍA

Lee Génesis 32. Observa cómo se prepara Jacob para encontrarse con Esaú. Después fíjate en lo que ocurre cuando Dios se encuentra con Jacob. Subraya el versículo que presenta el cambio de nombre de Jacob; también anótalo en el margen de tu Biblia para encontrarlo rápidamente.

SEXTO DÍA

Lee Génesis 33. Escribe qué sucede cuando Jacob se encuentra con Esaú y también cuando se establece en la tierra que compra.

SÉPTIMO DÍA

Para guardar en tu corazón: Génesis 32:28.
Para leer y discutir: Génesis 28:1-4, 10-22; 32:22-32; Juan 1:51; 2 Pedro 1:2-4.

PREGUNTAS OPCIONALES PARA LA DISCUSIÓN O ESTUDIO INDIVIDUAL

ᖗ Haz un repaso sobre las vidas de Jacob y Esaú hasta este punto.

ᖗ ¿Qué promesas hizo Dios a Jacob? ¿Por qué las hizo? ¿Cómo respondió Jacob?

ᖗ ¿Qué aprendes acerca de la escalera de Jacob en estos pasajes?

ᖗ ¿Por qué Jacob luchó con "el varón"? ¿Qué consecuencias tuvo? ¿Valió la pena?

ᖗ ¿Te has interesado por obtener la bendición de Dios en tu vida lo suficiente como para "luchar con el Señor"? Comparte tu experiencia.

∾ ¿Qué nombre nuevo le fue dado a Jacob? ¿Quién se lo dio?

Pensamiento para la Semana

Jesucristo es la única "escalera al cielo" que Dios tiene, por decirlo así y se llega al cielo sólo a través de Él (Juan 14:6). Las promesas de Dios en Él son "sí y amén", y por medio de Él y sólo por Él tienes todas las cosas que pertenecen a la vida y a la piedad (2 Pedro 1:2-4). Tu estás completo en Él (Colosenses 2:10). No te apartes de Dios ni de Sus promesas hasta que Él te bendiga. Procura con Dios en oración, procura con los hombres en fe y vencerás.

"Pidan, y se les dará; busquen, y hallarán; llamen, y se les abrirá. Porque todo el que pide, recibe; y el que busca, halla; y al que llama, se le abrirá. ¿O qué hombre hay entre ustedes que si su hijo le pide pan, le dará una piedra, o si le pide un pescado, le dará una serpiente? Pues si ustedes, siendo malos, saben dar buenas dádivas a sus hijos, ¿cuánto más su Padre que está en los cielos dará cosas buenas a los que Le piden? (Mateo 7:7-11).

SÉPTIMA SEMANA

PRIMER DÍA

Lee Génesis 33:18-34:31. Consulta el mapa de la página 21 para ubicarte geográficamente. Estudia este incidente con la ayuda de las seis preguntas básicas. Lee Génesis 49:5-7.

SEGUNDO DÍA

Lee Génesis 35. Éste es un capítulo importante. Fíjate en todas las cosas que Dios hace. Para conocer el significado de Betel, busca la nota al pie de página del versículo 15 en tu Biblia, si la tiene. Observa cuidadosamente para ver qué le ocurre a los personajes principales en este capítulo. Con relación a Rubén, lee Génesis 49:3,4.

TERCER DÍA

Lee Génesis 36. Escribe La información más importante que encuentres acerca de Esaú en este capítulo. Anota el nombre de los hijos de Esaú. Consulta los mapas en las páginas 35 y 36 para ver dónde se establecieron.

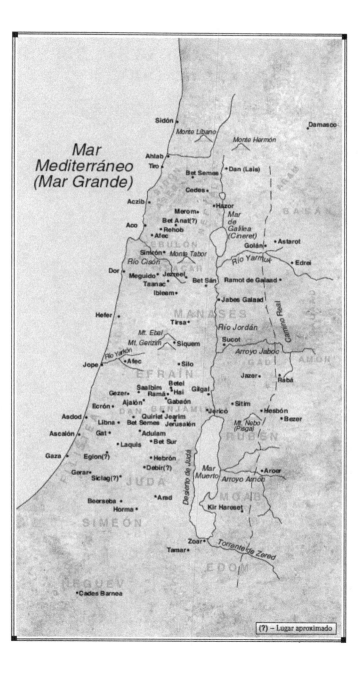

Mar
Mediterráneo
(Mar Grande)

Sidón •
Monte Líbano
Monte Hermón
Damasco

Ahlab •
Tiro •
Bet Semes • • Dan (Lais)
Cedes •

Aczib •
Merom •
Bet Anat(?) •
Aco •
Rehob •
Afec •
Simeón •
Río Cisón
Dor •
Meguido •
Taanac •
Ibleam •

Hefer •

Mt. Ebal
Mt. Gerizim • Siquem
Río Yarkón
Jope •
Afec •

Gezer •
Ecrón •
Asdod •
Libna •
Ascalón •
Gat •

Gaza •
Eglón(?) •

Gerar •
Siclag(?) •

Beerseba •
Horma •

• Házor
Mar
de
Galilea
(Cineret)
Golán • • Astarot

Monte Tabor
Jezreel •
Bet Sán
Ramot de Galaad •

Jabes Galaad

Tirsa •
Río Jordán
Sucot
Arroyo Jaboc

Silo
Jazer • • Rabá

Saalbim • Betel
Ramá • Hai Gilgal
Ajalón • Gabaón • Sitim
Quiriat Jearim • Jericó
Bet Semes Jerusalén
Adulam
Laquis • Bet Sur
Hebrón •
Debir(?) •
Arad •
Zoar •
Tamar •

Río Yarmuk • Edrei

Hesbón •
Mt. Nebo • Bezer
(Pisga)

Mar
Muerto
Arroyo Arnón
• Aroer

Kir Hareset •

Torrente de Zered

• Cades Barnea

(?) – Lugar aproximado

LUGARES ANTIGUOS Y MODERNOS DEL ÉXODO

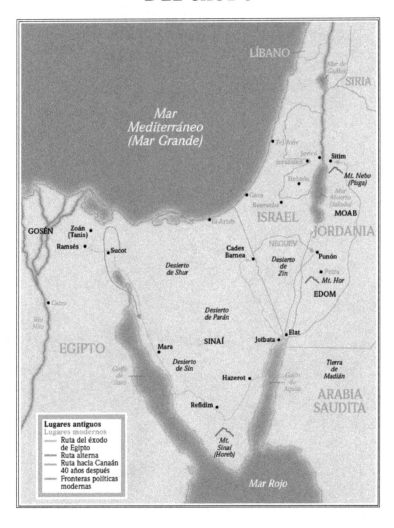

CUARTO DÍA

Lee Génesis 37. Escribe todo lo que aprendas acerca de José. También anota los puntos principales de los dos sueños de José y observa cómo los interpretaron sus hermanos y su padre.

QUINTO DÍA

Lee Génesis 38. Escribe todo lo que aprendas acerca de Judá y Tamar. En el margen dibuja un diagrama sencillo de la descendencia de Judá descrita en este capítulo, incluyendo los hijos que tuvo con Tamar. Después lee Mateo 1:1-3 y busca a Fares en el cuadro de la GENEALOGÍA DE JESUCRISTO en la página 39.

SEXTO DÍA

Lee Génesis 37:26-28,36; 39:1-23. Observa cómo se comportó Judá con José. Escribe todo lo que aprendas acerca de José en estos versículos. Presta mucha atención a qué hizo el Señor.

SÉPTIMO DÍA

Para guardar en tu corazón: Génesis 39:9.
Para leer y discutir: Génesis 39:7-23; Proverbios 6:20-35; 7:1-27; Hebreos 13:4.

PREGUNTAS OPCIONALES PARA LA DISCUSIÓN O ESTUDIO INDIVIDUAL

∿ ¿Qué aprendiste de José durante esta semana?
∿ ¿Cuáles fueron las tácticas de la esposa de Potifar y cómo las enfrentó José?

ᘐ ¿Cuáles fueron las consecuencias de las acciones de José? ¿Crees que merecía esas consecuencias? ¿Cómo reaccionó José ante lo ocurrido?

ᘐ ¿Qué aprendes en Proverbios acerca de "las mujeres extrañas" y los hombres que van en pos de ellas? Comenta sobre los caminos del hombre, la mujer y las consecuencias de ese andar.

ᘐ ¿Qué aprendes en Hebreos 13:4 sobre las relaciones sexuales fuera del matrimonio? ¿De qué maneras se manifiesta el juicio por esto? ¿Crees que una persona puede quebrantar este mandamiento sin tener consecuencias? ¿Por qué?

ᘐ ¿Qué debes hacer cuando eres tentado a tener relaciones sexuales con alguien con quien no estás casado?

PENSAMIENTO PARA LA SEMANA

Cuando tienes la tentación de pensar, hablar o actuar inmoralmente, necesitas recordar la advertencia de Jesucristo en Mateo 5:27-32.

Como José, tú tienes que "huir de la fornicación" (1 Corintios 6:18), "cualquiera que mira a una mujer" (Mateo 5:28), gramaticalmente no se refiere a un pensamiento lujurioso momentáneo, sino el que entra y permanece y busca "seguir mirando" está en tiempo presente. En el idioma griego el tiempo presente implica una acción continua o habitual. Tú necesitas pensar como José: "¿Cómo, pues, haría yo este grande mal y pecaría contra Dios?" Haz como Job: "Hice pacto con mis ojos; ¿cómo, pues, había yo de mirar a una virgen?" (Job 31:1).

LA GENEALOGÍA DE JESÚS EL CRISTO
Como prueba de Su derecho al trono de David a través de María.

OCTAVA SEMANA

PRIMER DÍA

Lee Génesis 40 y 41. Marca la palabra *sueño* en estos capítulos. En el margen de tu Biblia anota cada sueño, lo más importante de éste y su significado. Observa de dónde viene la interpretación correcta de los sueños. También anota las referencias al tiempo.

SEGUNDO DÍA

Lee Génesis 37:5-8, 18-24, 29-35; 42:1-38. Escribe qué aprendes acerca de Rubén en estos pasajes. Observa con cuidado las reacciones de José y sus hermanos a los eventos que suceden en Génesis 42.

TERCER DÍA

Lee Génesis 43. Señala todas las referencias a Benjamín. Después lee Génesis 35:16-19,24. Consulta el cuadro de la página 41.

CUARTO DÍA

Lee Génesis 44 y 45. Observa con atención la condición del corazón de José y su comportamiento hacia sus hermanos. Trata de encontrar un versículo que resume la reacción de José hacia sus hermanos.

QUINTO DÍA

Lee Génesis 46 y 47. Escribe todo lo que les sucede a Jacob (Israel) y a sus hermanos, incluyendo dónde se establecen. Consulta el mapa de la página 35. También observa qué le dice Dios a Jacob.

Orden de nacimiento de los hijos de Jacob (Israel)

Madre	Hijo
Lea	Rubén (nació 1921 a.C.)
	Simeón
	Leví
	Judá
Bilha (sierva de Raquel)	Dan
	Neftalí
Zilpa (Sierva de Lea)	Gad
	Aser
Lea	Isacar
	Zabulón
Raquel	José (nació 1914 a.C.)
	Benjamín

SEXTO DÍA

Lee Génesis 48-50. Manasés y Efraín llegaron a ser figuras importantes en relación a las doce tribus de Israel y su establecimiento en la tierra prometida. Así que, observa con cuidado qué aprendes de ellos en estos capítulos. Al leer la palabra profética de Jacob a sus hijos en Génesis 49, resalta los nombres de cada uno de ellos para que puedas identificarlos con facilidad.

SÉPTIMO DÍA

Para guardar en tu corazón: Génesis 50:20.
Para leer y discutir: Génesis 50; 1 Tesalonicenses 5:18; Isaías 14:27; Romanos 8:28-30.

PREGUNTAS OPCIONALES PARA LA DISCUSIÓN O ESTUDIO INDIVIDUAL

∾ ¿Cuáles fueron los acontecimientos más importantes en la vida de José que cubriste en tu estudio esta semana? Haz una lista de ellos y luego comparte qué aprendes acerca de José en estos eventos.

∾ ¿Qué harías con tus hermanos si ellos te trataran de la misma manera que José fue tratado?

∾ ¿Por qué respondió José como lo hizo? ¿Qué aprendes de su respuesta que puedas aplicar a tu propia vida? ¿Cómo puedes ponerlo en práctica? ¿Qué principios del Nuevo Testamento o de las Escrituras te pueden ayudar y por qué?

PENSAMIENTO PARA LA SEMANA

No les ha sobrevenido ninguna tentación que no sea común a los hombres. Fiel es Dios, que no permitirá que ustedes sean tentados más allá de lo que pueden soportar, sino que con la tentación proveerá también la vía de escape, a fin de que puedan resistirla. (1 Corintios 10:13).

Dios preparó a José a través de dos sueños para los problemas y las tentaciones que le sobrevendrían. José no permitiría que una raíz de amargura brotara en su corazón para preocuparlo y contaminar a otros. En lugar de eso, creyó en Dios, se aferró a Él en la obediencia de la fe. Dios preparó incluso a Jacob y sus hijos, porque en Su soberanía, José les compartió sus sueños. ¡Imagínate qué le hubiera ocurrido a Jacob si se hubiera aferrado a lo dicho en cuanto al sueño de José en Génesis 37:9-11!

No sabemos dónde te encuentras o qué situación estás pasando, pero sabemos que como Génesis es el libro de los orígenes, este estudio pudiera ser un nuevo comienzo para ti: El inicio de una vida de fe, en la cual decidas que sin importar las circunstancias, te aferrarás en obediencia de fe al carácter de Dios y la veracidad de Su Palabra.

Recuerda que Dios tiene un propósito para tu vida. Todo lo que sucede en tu vida no puede frustrar ese propósito o Dios no lo permitiría. El final de tu historia todavía no se ha escrito. Si perteneces a Dios, si lo amas, todo aquello que suceda será para tu bien y para la gloria de Él (Romanos 8:28). Dios usará tus pruebas para "mantener en vida a mucho pueblo" cuando ellos vean tu fe y deseen conocer a tu Dios de la manera como tú lo conoces.

PANORAMA GENERAL DE GÉNESIS

Tema de Génesis

DIVISIÓN POR SECCIONES

Autor:	EL PRIMER		4 SUCESOS PRINCIPALES/4 PERSONAJES	TIEMPO TRANSCURRIDO	TEMAS DE LOS CAPÍTULOS
Moisés (Lucas 24:27)	HOMBRE				1
	MATRIMONIO	COMIENZOS DE LA HUMANIDAD		APROXIMADAMENTE 2080 AÑOS	2
Trasfondo Histórico:					3
					4
					5
					6
Propósito:					7
					8
					9
Palabras Clave:					10
					11
		COMIENZOS DE ISRAEL		APROXIMADAMENTE 300 AÑOS	12
					13
					14
					15
					16
					17
					18
					19
					20
					21
					22
					23
					24
					25

División por Secciones

El Primer	4 Personajes	Tiempo Trans- currido	Temas de los Capítulos
			26
			27
			28
			29
			30
			31
			32
			33
			34
			35
	Comienzos de Israel	Aproximadamente 300 Años	36
			37
			38
			39
			40
			41
			42
			43
			44
			45
			46
			47
			48
			49
			50

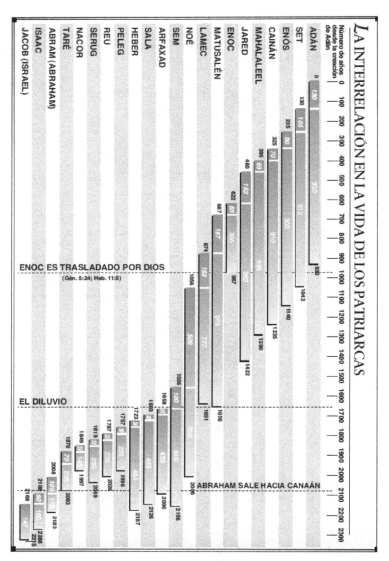

LA INTERRELACIÓN EN LA VIDA DE LOS PATRIARCAS

ENOC ES TRASLADADO POR DIOS
(Gén. 5:24; Heb. 11:5)

EL DILUVIO

ABRAHAM SALE HACIA CANAÁN

CLAVE: El primer número fuera de cada bloque corresponde a los años desde la creación. El siguiente número dentro de la casilla del bloque corresponde a la edad del hombre cuando nació su hijo (cuyo nombre está en la línea siguiente). El tercer número dentro de la segunda casilla del bloque indica los años que vivió. El último número fuera del bloque nos da también los años desde la creación.

ÉXODO

ÉXODO
YO SOY TODO LO QUE
USTEDES NECESITARÁN...

Y Dios dijo a Abram: "Ten por cierto que tus descendientes serán extranjeros en una tierra que no es suya, donde serán esclavizados y oprimidos durante 400 años. Pero Yo también juzgaré a la nación a la cual servirán, y después saldrán de allí con grandes riquezas. (Génesis 15:13,14).

Los hijos de Israel vivieron en Egipto bajo el cuidado y la protección de Faraón durante treinta años. Entonces se levantó un nuevo Faraón que no conoció a José, un Faraón que sintió temor de ese pueblo que se había multiplicado de gran manera en su tierra. Y así los hijos de Israel llegaron a ser esclavos en Egipto.

Ese cautiverio duró cuatrocientos años. Fue entonces que los israelitas clamaron a su Dios y el éxodo empezó.

INSTRUCCIONES GENERALES

ᘔᘓᘔᘓ

1. Usa una tarjeta de 9x15 para hacer un separador de páginas para tu estudio de Éxodo. En este separador escribe una lista de las palabras clave que aparecen a continuación. Luego a cada palabra clave, junto con sus sinónimos y pronombres personales, asígnale un color o símbolo específico, puedes marcar cada palabra con un color o una combinación de ellos. También puedes dibujar un símbolo sencillo alrededor de la palabra. Si no es suficiente para distinguirla puedes colorearlo.

Por ejemplo, puedes subrayar la palabra *pacto* con rojo y encerrarla en un cuadro de color amarillo. La palabra *nube* puede señalarse de esta manera:

PALABRAS CLAVE PRINCIPALES

siervo(s) (servidumbre)
libra (librado)
santo
El Señor ... mandó (ha/había mandado)
nube
tentar
ley
tabernáculo   (tienda,   tabernáculo   de
reunión).

2. Cuando completes tu estudio de un capítulo de Éxodo, escribe el tema de ese capítulo en el cuadro del PANORAMA GENERAL DE ÉXODO en la página 82-83. De esta   manera siempre tendrás el registro del contenido de Éxodo para consultar en cualquier momento. Además, puedes escribir el tema junto al capítulo correspondiente en tu Biblia.

3. Si tienes una Biblia de Estudio Inductivo, lee las secciones: UN LLAMADO A LA ACCIÓN Y LA REFLEXIÓN al inicio del libro de Éxodo.

PRIMERA SEMANA

PRIMER DÍA

Lee Hechos 7:1-20 para obtener un resumen de la historia de Israel hasta la época de Éxodo.

SEGUNDO DÍA

Lee Génesis 50:22-26 y Éxodo 1. Observa cómo se relaciona Éxodo con Génesis en cuestión de cronología. Al rey de Egipto se le llama Faraón. Escribe todo lo que aprendas acerca del Faraón en este capítulo.

TERCER DÍA

Lee Éxodo 2. Haz una lista de los acontecimientos principales de la vida de Moisés narrados en este capítulo. Además, escribe lo que aprendes acerca de Dios.

CUARTO DÍA

Lee Éxodo 3. Escribe todo lo que aprendas acerca de Moisés en este capítulo.

QUINTO DÍA

Lee Hechos 7:20-36 y escribe qué aprendes con respecto a Moisés que no habías visto aún en Éxodo.

SEXTO DÍA

Lee Éxodo 3 nuevamente. Esta vez escribe cada enseñanza que aprendas acerca de Dios y Su nombre en este capítulo. Busca Juan 8:23,24,56-59; 10:31-33. Cuando leas los versículos en el evangelio de Juan, fíjate en la frase *Yo soy* y márcala. Luego, haz una lista de lo que aprendes al marcar esa frase.

SÉPTIMO DÍA

Para guardar en tu corazón: Éxodo 3:14; Juan 8:24. Para leer y discutir: Éxodo 3:13-15; Juan 8:23,24,56-59; 10:31-33. Explica qué aprendes acerca de Jesucristo en estos versículos de Juan y la importancia de su relación con Éxodo 3:13-15. También comparte lo aprendido acerca de Dios, Su carácter y Sus caminos.

PREGUNTAS OPCIONALES PARA LA DISCUSIÓN O ESTUDIO INDIVIDUAL

∿ ¿Qué aprendiste acerca de los israelitas, Moisés y Dios en tu estudio de los primeros tres capítulos de Éxodo? (Si estás dirigiendo una clase y tienes un pizarrón, dibuja tres columnas y escribe las observaciones que la clase comparta).

∿ Al relacionar tus observaciones de Hechos 7 con los primeros tres capítulos de Éxodo, ¿qué aprendiste sobre la serie de eventos en la vida de Moisés?

ᔋ ¿Cuál es el nombre sagrado de Dios? ¿Cuánto tiempo será Suyo ese nombre? ¿Qué te dice ese nombre acerca de Su persona?

ᔋ ¿Qué aprendes acerca del Señor Jesucristo al comparar Éxodo 3 con los pasajes leídos en el evangelio de Juan? ¿Y qué sucede si no crees estas verdades? Según Jesucristo, ¿hay alguna consecuencia a la incredulidad?

PENSAMIENTO PARA LA SEMANA

¿Te das cuenta de lo importante que es estudiar tanto el Antiguo como el Nuevo Testamento? Uno complementa, agrega o ayuda a explicar al otro. En las Escrituras, una parte interpreta a otra. Por eso el apóstol Pablo tuvo cuidado de enseñar todo el consejo de Dios y por eso tú debes dedicarte a conocer y entender toda la Palabra de Dios.

Cuando comparas Éxodo 3:14 con Juan 8:24, verás con toda claridad que si no crees que Jesucristo es Dios, morirás en tus pecados. Amado, a la luz de esta verdad, ¿cuál es tu condición ante Dios?

Juan declaró el propósito por el cual escribió su evangelio en Juan 20:30,31:

Y muchas otras señales hizo también Jesús en presencia de Sus discípulos, que no están escritas en este libro; pero éstas se han escrito para que ustedes crean que Jesús es el Cristo el Hijo de Dios; y para que al creer, tengan vida en Su nombre.

De la misma manera que los israelitas fueron esclavos de Faraón, así nosotros somos esclavos del pecado desde que nacemos. Sólo Dios podía liberar a los hijos de Israel de la servidumbre de la tierra de Egipto. Sólo Jesucristo puede liberarte del príncipe de este mundo y de la esclavitud del pecado. No hay vida eterna sin reconocer que Jesucristo es Dios y creer en Él como el único Salvador; sólo muerte eterna. ¡Es vital que entendamos esto y aceptemos por fe esta verdad y que la demos a conocer proclamando el evangelio de Jesucristo!

SEGUNDA SEMANA

Al leer esta semana, marca las palabras clave que tienes anotadas en tu separador. Además, escribe lo que aprendas de Dios en estos capítulos. Recuerda que el carácter de Dios nunca cambia. Él es el mismo de ayer, hoy y siempre. Observa la relación de Moisés con Dios y piensa qué puedes aprender y aplicar en tu propia relación con Dios. Aparta un par de páginas en tu cuaderno de notas para escribir una lista de lecciones aprendidas sobre la vida de Moisés. También anota qué lecciones sobre el liderazgo puedes aprender de su vida.

PRIMER DÍA

Lee Éxodo 4:1-17.

SEGUNDO DÍA

Lee Éxodo 4:18-31. Compara Éxodo 4:24-26 con Génesis 17:9-14.

TERCER DÍA

Lee Éxodo 5:1-14. Observa la respuesta de Faraón a lo que Dios le dijo a Moisés que hiciera.

CUARTO DÍA

Lee Éxodo 5:15-6:1.

QUINTO DÍA

Lee Éxodo 6:1-9. Observa qué dice Dios con respecto a Su nombre. Dios Todopoderoso es El *Shaddai* en hebreo. Si usas una Nueva Biblia Latinoamericana de Hoy, cada vez que veas SEÑOR en mayúsculas se refiere a la traducción de YHWH. El nombre particular de Dios era YHWH, que algunos eruditos transliteraron Yahvé Este nombre era tan sagrado para los judíos que ni lo pronunciaban.

SEXTO DÍA

Lee Éxodo 6:10-7:7. Observa nuevamente la preocupación de Moisés debido a su falta de capacidad para hablar.

SÉPTIMO DÍA

Para guardar en tu corazón: Éxodo 4:11,12.

Para leer y discutir: Éxodo 4:10-17; 6:10-13; 6:28-7:6; Juan 12:49; Mateo 10:19,20.

PREGUNTAS OPCIONALES PARA LA DISCUSIÓN O ESTUDIO INDIVIDUAL

~ ¿Cómo se sintió Moisés con respecto al llamado de Dios? ¿Qué inquietaba a Moisés y cuál fue la solución que él mismo dio a esa situación?

∾ ¿Qué te dice esto acerca de Moisés? ¿Puedes identificarte con Moisés de alguna manera? Explica cómo.

∾ ¿Cómo trató Dios con Moisés por su indecisión en servirlo? ¿Qué aprendes con relación a la manera que Dios actúa? ¿Cómo puedes aplicar este conocimiento a tu propia vida?

∾ Después de leer y meditar en los versículos de Juan y Mateo, ¿qué aprendiste acerca de Dios y tu relación con Él?

PENSAMIENTO PARA LA SEMANA

Cuando Dios nos llama para una tarea, sea cual sea, Él se responsabiliza de proporcionarnos todo lo necesario para llevarla a cabo. La vida cristiana requiere dependencia total y obediencia constante. Aunque la vida de Moisés muestra con claridad la importancia de vivir de esta manera, Jesucristo es nuestro ejemplo por excelencia. Él vivió en completa dependencia del Padre, Sus palabras fueron las palabras del Padre; Sus obras fueron las obras del Padre.

Si tú permaneces en Jesucristo y permites que Él y Sus palabras permanezcan en ti, entonces estarás preparado para toda buena obra en la vida. Si somos hijos de Dios, Él nos dice que somos "Porque somos hechura Suya, creados en Cristo Jesús para hacer buenas obras, las cuales Dios preparó de antemano para que anduviéramos en ellas." (Efesios 2:10).

TERCERA SEMANA

En tus lecturas de esta semana, busca y señala las siguientes referencias además de las que tienes en tu separador:

Referencias al hecho que Faraón no escuchó.
Referencias al endurecimiento del corazón de Faraón.
la frase *deja ir a Mi pueblo para que Me sirva.*

Piensa qué aprendes al marcar estas frases clave que se repiten.

Escribe en el margen de tu Biblia algo pertinente a cada juicio o plaga que Dios envió a Faraón y al pueblo de Egipto. Esto te servirá de referencia.

PRIMER DÍA

Lee Éxodo 7:1-13.

SEGUNDO DÍA

Lee Éxodo 7:14-25.

TERCER DÍA

Lee Éxodo 8.

CUARTO DÍA

Lee Éxodo 9:1-12.

QUINTO DÍA

Lee Éxodo 9:13-35.

SEXTO DÍA

Lee Éxodo 10.

SÉPTIMO DÍA

Para guardar en tu corazón: Éxodo 9:1.
Para leer y discutir: Éxodo 9:13-10:2 y Romanos 9:17. Comenta los propósitos de las plagas y sus resultados.

PREGUNTAS OPCIONALES PARA LA DISCUSIÓN O ESTUDIO INDIVIDUAL

ᚑ ¿Cuáles fueron las plagas que Dios envió a la tierra de Egipto? (Si estás dirigiendo una clase, escríbelas en un pizarrón).

ᚑ ¿Cuáles fueron las plagas que los hechiceros de Faraón pudieron imitar?

ᚑ Al comentar estas plagas, ¿qué aprendes acerca de Dios?

ᚑ Haz una lista en el pizarrón de los dioses egipcios y cómo eran simbolizados. (Consulta el cuadro en la página 60 para obtener esta información). Examina las plagas que Dios trajo contra los dioses egipcios y sus esferas de poder y autoridad.

ᖇ ¿Cómo endureció Dios el corazón de Faraón? ¿Tuvo alguna parte Faraón en esto? ¿Qué aprendes al comparar estas enseñanzas de Éxodo con Romanos 9:17?

Algunos de los dioses de Egipto

El dios:	Área de influencia:	Se representaba con:
Aker	Dios terrestre · Ayudador de los muertos	Dos cabezas de león
Atón	Dios solar	
Bes	Protección al nacer · Dador de la virilidad	Grupo de demonios
Heket	Diosa principal	Rana
Isis	Diosa de la vida y la salud	Ser humano
Jepri	Dios principal · El sol naciente	Escarabajo (martillo)
Khnum	Dador del Nilo · Creador de la humanidad	Hombre con cabeza de carnero
Mut	"Ojo del sol"	Buitre o ser humano
Nut	Diosa del cielo · Madre de los cuerpos celestes	
Osiris	Faraones muertos · Gobernante de la muerte, vida, vegetación	
Re (Ra)	Dios del sol, tierra y cielo · dios nacional	Hombre con cabeza de halcón
Selket	Guardián de la vida · Protector de los muertos	Escorpión
Set	Dios del caos, desierto y tormenta, cosechas	
Sothis	Dios de las inundaciones del Nilo	
Termutis	Diosa de la fertilidad y la siega; del destino	Serpiente

PENSAMIENTO PARA LA SEMANA

¿No se está endureciendo nuestro corazón cuando, a pesar de conocer la voluntad de Dios, nos negamos a hacerlo? ¿A caso no fuimos liberados de la esclavitud del pecado para que pudiéramos servir a nuestro Señor Jesucristo? ¿A quién estás sirviendo? ¿Qué tan dispuesto estás? ¿Por completo?

CUARTA SEMANA

PRIMER DÍA

Lee Éxodo 11. Haz las seis preguntas básicas sobre esta plaga. Haz una lista de todo lo que descubras acerca de ella.

SEGUNDO DÍA

Lee Éxodo 12:1-14. Marca cada referencia a la palabra *cordero* y escribe qué aprendes con respecto al cordero y qué se debía hacer con él, cómo y cuándo. Además, marca la palabra *sangre* y anota lo que aprendas de ello.

TERCER DÍA

Lee Éxodo 12:15-28. Marca la palabra *pascua* cada vez que la encuentres.

CUARTO DÍA

Lee Éxodo 12:29-39. Compara los versículos 35 y 36 con 3:21, 22; 11:2, 3; Salmo 105:37, 38.

QUINTO DÍA

Lee el Salmo 105 y observa los versículos que hablan de los eventos de los primeros doce capítulos de Éxodo.

SEXTO DÍA

Lee Éxodo 12:40-51. Compara los versículos 40 y 41 con Génesis 15:12-16. Observa por cuánto tiempo vivieron los israelitas en Egipto y cuántos años de ese período fueron esclavos de Faraón. Escribe qué aprendes sobre la pascua en Éxodo 12.

SÉPTIMO DÍA

Para guardar en tu corazón: Éxodo 12:13.
Para leer y discutir: Éxodo 12:1-20; Juan 1:29; 1 Corintios 5:6-8; 1 Pedro 1:18,19.

PREGUNTAS OPCIONALES PARA LA DISCUSIÓN O ESTUDIO INDIVIDUAL

∾ ¿Qué debían hacer los israelitas para prepararse para la Pascua? ¿Cuándo debían hacerlo? Examina la Pascua con la ayuda de las seis preguntas básicas.

∾ ¿Qué fiesta le seguía inmediatamente a la Pascua? ¿Qué importancia tenían estas fiestas para los hijos de Israel? ¿Por qué?

∾ ¿Qué simbolizaban y señalaban estas fiestas? ¿Tienen ellas algo que ver contigo? ¿Hay algo aquí que puedas aplicar a tu vida?

∾ ¿Qué aprendiste acerca de Dios, Su carácter y Su manera de actuar en tu estudio de esta semana?

PENSAMIENTO PARA LA SEMANA

Cualquiera que comete pecado se convierte en esclavo del pecado. Pero si el Hijo te libera, serás verdaderamente libre (Juan 8:34-36). Si perteneces a Jesucristo, entonces has sido liberado de la esclavitud del pecado por la sangre del Cordero, de la pascua de Dios, el Señor Jesucristo. Ahora guarden "la fiesta" y "ni presenten los miembros de su cuerpo al pecado como instrumentos de iniquidad, sino preséntense ustedes mismos a Dios como vivos de entre los muertos, y sus miembros a Dios como instrumentos de justicia" (Romanos 6:13). Haz que éste sea tu hábito cotidiano y serás testigo de las cosas que Dios hará.

QUINTA SEMANA

PRIMER DÍA

Lee Éxodo 13:1-16. Marca la palabra *primogénito* y escribe qué aprendes acerca del primogénito.

SEGUNDO DÍA

Lee Éxodo 13:17-22 y compáralo con Génesis 50:24-26. Subraya tus palabras clave.

TERCER DÍA

Lee Éxodo 14:1-14. Observa con cuidado cómo respondió el pueblo a Moisés nuevamente. ¿Qué principios en cuanto al liderazgo puedes aprender de esto?

CUARTO DÍA

Lee Éxodo 14:15-31. Nota qué se le dijo a Moisés que hiciera y qué hizo Dios.

Quinto Día

Lee Éxodo 15:1-21. Escribe qué aprendes acerca de Dios en este pasaje. Compara la actitud de los hijos de Israel en este pasaje con aquella que se registra en 14:10-12.

Sexto Día

Lee Éxodo 15:22-27. Escribe qué aprendes acerca de los hijos de Israel y de Dios en este pasaje.

Séptimo Día

Para guardar en tu corazón: Éxodo 14:14. Para leer y discutir: Éxodo 14:10-31; Salmo 106:1-13. Observa las referencias en este Salmo al hecho que los israelitas no entendieron y olvidaron los caminos del Señor con rapidez.

Preguntas Opcionales para la Discusión o Estudio Individual

◌ ¿Cómo realizó Dios la liberación definitiva de Israel del yugo del Faraón y los egipcios?

◌ ¿Cómo impactó esta liberación a los israelitas? ¿Por cuánto tiempo?

◌ Cuando examinas esa liberación, ¿qué aprendes acerca de Dios y la magnitud de Su poder e influencia?

◌ ¿Qué aprendes acerca de Dios y Su manera de actuar en Éxodo 15? ¿Cómo es el Señor para nosotros?

◌ Al realizar tus tareas esta semana, ¿qué aprendiste acerca de los israelitas? ¿Te identificas con ellos de alguna manera? ¿Cómo? ¿Por qué?

PENSAMIENTO PARA LA SEMANA

¿Cómo reaccionamos ante las situaciones difíciles? ¿Recordamos de inmediato las promesas de Dios, Su poder y fidelidad? ¿Vemos esas situaciones como una prueba a nuestra fe y respondemos correctamente? ¿Nos aferramos a Él en fe o empezamos a murmurar, quejarnos o culpar a nuestros líderes? ¿En qué nos parecemos a los hijos de Israel?

SEXTA SEMANA

PRIMER DÍA

Lee Éxodo 16:1-12. Además de señalar las palabras que tienes en tu separador de Éxodo, señala *prueba*[1] y *murmuraciones*[2]. También observa con cuidado las instrucciones que el Señor dio a los israelitas de cómo recoger el pan del cielo.

SEGUNDO DÍA

Lee Éxodo 16:13-36. Escribe una lista de todo lo que aprendas referente al maná.

TERCER DÍA

Lee Deuteronomio 8. Anota cualquier observación nueva que obtengas con respecto al maná y su propósito. Piensa cómo puedes aplicarlo en tu caminar con el Señor.

CUARTO DÍA

Lee Juan 6:1-35. Marca las palabras *señales*[5] y *pan* (*comida, pan del cielo*). Fíjate en la relación entre el pan del cielo y el pan de vida.

QUINTO DÍA

Lee Éxodo 17:1-7; 1 Corintios 10:1-13; Juan 7:37-39. Señala las palabras *prueba (Masá)*. Según estos pasajes, ¿qué o de quién era figura la roca y qué significó golpearla?

SEXTO DÍA

Lee Éxodo 17:8-16. Marca la palabra *vara* y medita en las enseñanzas aprendidas acerca de la vara de Moisés y la manera en que se usó. Además, piensa de dónde vino la victoria de los israelitas.

SÉPTIMO DÍA

Para guardar en tu corazón: 1 Corintios 10:4.
Para leer y discutir: Éxodo 17:1-7; 1 Corintios 10:1-4; Juan 7:37-39. También puedes leer y discutir Éxodo 17:8-16 y memorizar Éxodo 17:15.

PREGUNTAS OPCIONALES PARA LA DISCUSIÓN O ESTUDIO INDIVIDUAL

∾ ¿Cómo la escasez de agua fue una prueba para el pueblo? ¿Qué clase de prueba fue?

∾ ¿Cuál fue la solución a esa escasez?

∾ Según las citas que consultaste en el Nuevo Testamento, ¿qué simbolizaba todo esto para nosotros? ¿A qué evento señalaba?

∾ ¿Qué lecciones puedes aprender de ese evento en la vida de los israelitas?

∾ ¿Qué ocurrió en Éxodo 17:8-16? ¿Qué principios observas en este pasaje que puedes aplicar a tu vida?

∾ ¿Qué has aprendido acerca de Dios y Su manera de actuar al realizar tu estudio esta semana?

PENSAMIENTO PARA LA SEMANA

En Génesis 22, cuando Dios proveyó el carnero enredado en un zarzal para reemplazar a Isaac, Dios se reveló a Sí mismo como Jehová (YHWH) Jireh: "El Señor proveerá". Jesucristo, la roca de Dios, fue golpeado por ti. Todo lo que necesitas se encuentra en el manantial que es Jesucristo y tu relación con Él. La victoria sobre el enemigo no se obtiene por medio del poder de la carne. Dios es Jehová (YHWH) Nissi: "El Señor es tu estandarte". Cada situación de escasez, cada batalla, es una prueba que Dios permite para ver hacia dónde te vuelves en el momento de la dificultad.

SÉPTIMA SEMANA

PRIMER DÍA

Lee Éxodo 18 y 19. Al leer estos capítulos examínalos a la luz de las seis preguntas básicas: ¿Quién? ¿Qué? ¿Cómo? ¿Cuándo? ¿Dónde? ¿Por qué? ¿Cuáles son los principales acontecimientos en estos capítulos? ¿Cuándo y dónde ocurrieron? y otras preguntas similares.

SEGUNDO DÍA

Lee Éxodo 20. Enumera los mandamientos dados en este capítulo y observa las diversas relaciones que son afectadas al obedecerlos o desobedecerlos.

TERCER DÍA

Lee Éxodo 21. Observa cómo Dios instruyó a los israelitas en el trato de diversos incidentes de violencia. Compara Éxodo 21:1-6 con Deuteronomio 15:12-18. Escribe qué aprendes acerca del "siervo", es decir el esclavo permanente de un amo.

CUARTO DÍA

Lee Éxodo 22. Señala la palabra *restitución*[3] en este capítulo y escribe qué aprendes sobre restituir. Además, observa la repetición de la palabra *claman*[4] y anota qué aprendes sobre clamar al Señor.

QUINTO DÍA

Lee Éxodo 23. Escribe la información que aprendes sobre el sábado y las fiestas. Te ayudará hacer las seis preguntas básicas.

SEXTO DÍA

Lee Éxodo 24. Señala las siguientes palabras: *pacto*[5] *sangre, nube.* Además, presta atención a todas las referencias al tiempo.

SÉPTIMO DÍA

Para guardar en tu corazón: Marcos 12:30,31.
Para leer y discutir : Éxodo 20:1-21; Gálatas 3:23-25; Mateo 5:17-20; Romanos 8:1-4.

PREGUNTAS OPCIONALES PARA LA DISCUSIÓN O ESTUDIO INDIVIDUAL

∞ ¿Puedes nombrar los Diez Mandamientos tal como aparecen en Éxodo 20?

∞ ¿Cuál de estos mandamientos sería difícil obedecer para ti y por qué?

∞ Según la lectura de Éxodo 24, ¿cuál fue la respuesta del pueblo a estos mandamientos?

∾ Según las citas relacionadas que leíste en el Nuevo Testamento, ¿qué aprendiste acerca de la ley (el Antiguo Pacto establecido en Éxodo 24)?

∾ ¿Se le permite al cristiano quebrantar la ley o vivir sin tomarla en cuenta? ¿Debemos cumplir la ley en algún sentido? ¿Cuál debe ser nuestra relación con la ley?

PENSAMIENTO PARA LA SEMANA

Aunque estamos bajo el pacto de la gracia y no de la ley, el cristianismo genuino no aprueba un estilo de vida impío. No estamos sin ley. Dios nos llama a ser santos como Él es santo y nos da la gracia por medio de la cual podemos serlo: Nos ha dado al Espíritu Santo que mora en nosotros.

Recuerda la amonestación de Judas: Amados, por el gran empeño que tenía en escribirles acerca de nuestra común salvación, he sentido la necesidad de escribirles exhortándolos a luchar ardientemente por la fe que de una vez para siempre fue entregada a los santos. Pues algunos hombres se han infiltrado encubiertamente, los cuales desde mucho antes estaban marcados para esta condenación, impíos que convierten la gracia de nuestro Dios en libertinaje, y niegan a nuestro único Soberano y Señor, Jesucristo. (Judas 3,4).

Octava Semana

Los capítulos que leerás esta semana describirán con detalle el mobiliario del tabernáculo y las distintas partes de éste. Además, leerás sobre las vestimentas que Aarón debía usar como el sumo sacerdote. Haz una lista de cada una de éstas. (Si tienes una Biblia de Estudio Inductivo encontrarás ilustraciones en el margen del texto). Observa dónde se coloca el mobiliario en el tabernáculo. A continuación hay un diagrama del tabernáculo. Si tienes una Biblia de Estudio Inductivo, encontrarás un cuadro a todo color.

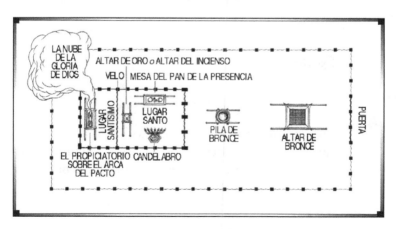

Interior del Tabernáculo

PRIMER DÍA

Lee Éxodo 25.

SEGUNDO DÍA

Lee Éxodo 26.

TERCER DÍA

Lee Éxodo 27.

CUARTO DÍA

Lee Éxodo 28.

QUINTO DÍA

Lee Éxodo 29.

SEXTO DÍA

Lee Éxodo 30 y 31.

SÉPTIMO DÍA

Para guardar en tu corazón: Éxodo 25:8.

Para leer y discutir: Éxodo 25:1-9; Hebreos 8:1-6; 9:1-5;10:19-22. Dibuja un diagrama del tabernáculo y coloca cada objeto en el lugar apropiado.

PREGUNTAS OPCIONALES PARA LA DISCUSIÓN O ESTUDIO INDIVIDUAL

ॐ ¿Puedes hacer un diagrama del tabernáculo y su mobiliario?

ॐ ¿Qué importancia tenía el tabernáculo? ¿Qué signifificaba para los hijos de Israel?

ॐ Según lo visto en las citas del Nuevo Testamento, ¿qué piensas que simbolizaba cada artículo del mobiliario en el tabernáculo?

ॐ ¿Cómo se aplica todo esto a nosotros que depositamos nuestra fe en el Señor Jesucristo y estamos ahora bajo el Nuevo Pacto?

ॐ ¿Qué aprendiste acerca de Dios y Su manera de actuar en el estudio de esta semana?

PENSAMIENTO PARA LA SEMANA

Cada elemento del tabernáculo señalaba hacia la obra de nuestro Señor Jesucristo. Piensa cómo cada una de ellas representaba algún aspecto de la vida de nuestro Señor. Recuerda que Él es la puerta, el único camino hacia Dios (Juan 10:1,2,7-9). El altar de bronce donde se sacrificaban los animales nos recuerda el Cordero de Dios quien murió por nuestros pecados en la cruz del Calvario. Al observar cada detalle, detente y adora a tu Señor y dale gracias por ser quien es y por lo que ha hecho por ti.

NOVENA SEMANA

PRIMER DÍA

Lee Éxodo 32:1-14. Marca las palabras que tienes en tu separador. Escribe qué aprendes en estos versículos acerca de Moisés, Aarón, los hijos de Israel y Dios. Deja espacio para escribir más acerca de ellos cuando termines el capítulo.

SEGUNDO DÍA

Lee Éxodo 32:15-35. Marca la palabra *pecado* cada vez que la encuentres. Termina las listas que empezaste ayer y anota qué aprendiste sobre la palabra *pecado*. Lee Salmo 106:1-23.

TERCERDÍA

Lee Éxodo 33. Marca cada referencia a *tienda*[6]. Además, escribe qué aprendes acerca de este tabernáculo y su relación con Moisés.

CUARTO DÍA

Lee Éxodo 33 nuevamente. Esta vez haz las seis preguntas básicas a todo este capítulo.

QUINTO DÍA

Lee Éxodo 34. Una vez más examina este capítulo a la luz de las seis preguntas básicas. Recuerda escribir toda la información que obtengas acerca de Dios en este capítulo. Señala la palabra *pacto*[7].

SEXTO DÍA

Lee 2 Corintios 3. Aquí se contrastan los dos pactos: La ley o el ministerio de condenación[8] y el Nuevo Pacto, la gracia o el ministerio de la justificación. Haz una lista de lo que aprendes de cada pacto. Luego observa por qué razón Moisés puso un velo sobre su rostro.

SÉPTIMO DÍA

Para guardar en tu corazón: Éxodo 33:13.
Para leer y discutir: Éxodo 32:1-14; 33:7-17. Comenta cómo respondió Moisés al pecado del pueblo y cómo Dios le ofreció destruirlos y crear una nueva nación por medio de Moisés.

PREGUNTAS OPCIONALES PARA LA DISCUSIÓN O ESTUDIO INDIVIDUAL

∞ ¿Qué sucedió con los hijos de Israel después que Moisés estuvo cuarenta días y cuarenta noches en el monte (Éxodo 24:18)? Repasa la serie de acontecimientos.

∞ Discute la respuesta de Aarón al pueblo y la respuesta de Moisés a Aarón y al pueblo.

∞ ¿Qué aprendes acerca de Moisés cuando Dios le ofrece hacer de él una gran nación? ¿Qué aprendes sobre la relación de Moisés con Dios según Éxodo 33?

ღ ¿Qué aprendes acerca de Dios y Sus caminos cuando ves cómo trató con los israelitas y con Moisés en estos capítulos?

ღ Si Dios es el mismo ayer, hoy y por los siglos, ¿qué puedes aprender para tu vida? ¿Qué aprendes del ejemplo de Moisés?

ღ ¿Te reúnes con Dios? ¿Cuán a menudo? ¿De la manera correcta? ¿Qué cambios han habido en tu vida y tu relación con los demás?

PENSAMIENTO PARA LA SEMANA

¿Has pensado alguna vez en hacer de la Palabra de Dios tu "tabernáculo de reunión?" Al pasar tiempo en la presencia de Dios y Su Palabra, aprenderás cuál es Su voluntad y lo conocerás con más profundidad, hallando favor ante Sus ojos.*

---

*Esto es por qué Ministerios Precepto invierte en hacer disponible la Nueva Biblia de Estudio Inductivo en cada idioma que Dios hace posible.

Creemos que la razón por la que Dios trajo a existir este método de estudio único es para que todo el que pueda leer, pueda alimentarse por sí mismo de la Palabra de Dios por el resto de su vida.

A través de seguir simples instrucciones, puedes descubrir por ti mismo lo que la palabra de Dios dice además de las notas que buscan adoptar un punto de vista particular sobre el texto.

DÉCIMA SEMANA

Al leer los capítulos de esta semana, señala las palabras clave escritas en tu separador a medida que aparezcan en el texto. Además, señala lo que se hizo o hicieron. Observa qué fue hecho y para qué.

PRIMER DÍA

Lee Éxodo 35.

SEGUNDO DÍA

Lee Éxodo 36.

TERCER DÍA

Lee Éxodo 37.

CUARTO DÍA

Lee Éxodo 38.

QUINTO DÍA

Lee Éxodo 39.

SEXTO DÍA

Lee Éxodo 40.

SÉPTIMO DÍA

Para guardar en tu corazón: Éxodo 40:36,38.

Para leer y discutir: Éxodo 40:34-38; 2 Crónicas 5:1,2,7,13-6:1; Juan 7:37-39; 14:16-18; 16:7-13; 1 Corintios 3:16; 6:19,20; Romanos 8:9.

PREGUNTAS OPCIONALES PARA LA DISCUSIÓN O ESTUDIO INDIVIDUAL

∽ Según los pasajes que leíste hoy, ¿dónde ha morado Dios en la gloria de Su presencia? ¿Habita hoy en un templo? Explica tu respuesta con la Palabra.

∽ Dios utilizó una nube para guiar a los hijos de Israel. ¿Cómo guía a Su pueblo hoy?

∽ ¿Dónde está el Espíritu de Dios con relación a cada uno de Sus hijos?

∽ ¿Cómo debemos vivir a la luz de estas verdades? ¿Estamos viviendo de esta manera?

∽ ¿Cuáles son las enseñanzas más importantes que has aprendido acerca de Dios y Sus caminos en tu estudio de Éxodo? ¿Ha tenido esto algún resultado en tu relación con Dios? ¿Cuál?

Dios desea una relación íntima con Su pueblo, ya que Él no es un Dios distante. Por eso Moisés construyó el tabernáculo según el modelo del trono de Dios en el cielo, y Dios lo llenó con la gloria de Su presencia. Más adelante, Salomón construyó el templo y de nuevo la gloria del Señor permaneció allí hasta los días de Ezequiel y el cautiverio babilónico.

Después de setenta años de cautiverio, el remanente de Israel volvió y en el año 516 a. C. completaron el segundo templo. Pero la gloria del Señor no llenó ese templo hasta que Dios habitó con los hombres mediante Su amado Hijo, nuestro Señor Jesucristo.

Entonces, justo antes de Su crucifixión, Jesucristo salió del templo. Una vez más la gloria del Señor se iba.

Dios todavía desea una íntima relación con Su pueblo. Por eso, después que Jesucristo ascendió al Padre, en el día de Pentecostés, Dios envió Su Espíritu Santo para que morara en aquellos que recibieron a Jesucristo como Su Señor y Salvador.

Si conoces a Jesucristo, entonces has sido liberado de Egipto, del mundo y nunca más debes regresar. Como los hijos de Israel fueron liberados de la servidumbre como esclavos del Faraón, así también tú has sido liberado del reino de las tinieblas de Satanás, el príncipe de este mundo. Tú no eres más esclavo del pecado, ya que el Hijo te ha liberado. Te has convertido en un templo del Dios viviente. Que cada parte de Su templo diga: "Gloria al Señor". ¡Continúa siendo lleno de Su bendito Espíritu Santo!

Tema de Éxodo

DIVISIÓN POR SECCIONES

Autor:				TEMAS DE LOS CAPÍTULOS
				1
Trasfondo Histórico:				2
				3
				4
Propósito:				5
				6
Palabras Clave: (incluyendo sinónimos)				7
				8
				9
				10
				11
				12
				13
				14
				15
				16
				17
				18
				19
				20

Tema de Éxodo

				TEMAS DE LOS CAPÍTULOS
			21	
			22	
			23	
			24	
			25	
			26	
			27	
			28	
			29	
			30	
			31	
			32	
			33	
			34	
			35	
			36	
			37	
			38	
			39	
			40	

LEVÍTICO

LEVÍTICO
SEAN SANTOS, PORQUE YO SOY SANTO...
∽∾∽∾

¡Levítico! Aunque la idea de estudiar Levítico no te parezca emocionante, una vez que te sumerjas en el libro, te sorprenderás. Aprenderás mucho acerca de Dios, y de esa manera entenderás por qué abandonar el pecado y vivir una vida santa es vital para experimentar paz y bienestar. Entonces conocerás el verdadero gozo. Este es un libro que Dios puede usar para traer avivamiento a tu vida y tu iglesia. En Levítico te encontrarás cara a cara con el pecado y sus terribles consecuencias. Si prestas atención, le tendrás un temor santo a Dios. Una confianza reverente y respeto, que te traerá purificación y renovada intimidad a tu relación con tu Padre Dios.

INSTRUCCIONES GENERALES

Cuando estudies Levítico encontrarás algunas palabras clave que debes subrayar en todo el libro. Escríbelas en una tarjeta de 9x15 que puedas usar como un separador. Luego, subraya cada palabra en tu separador de una manera distinta así como lo harás en tu Biblia.

el Señor llamó a Moisés[1] diciendo.

tienda de reunión[2] (tabernáculo de reunión)
ley
sacrificio (ofrenda, holocausto)
pecado (iniquidad)
sangre
santo
pacto
expiación[3]

Registra el tema principal de cada capítulo en el cuadro del PANORAMA GENERAL DE LEVÍTICO en la página 114. Así cuando termines tendrás el resumen de Levítico siempre a tu disposición. Escribe el tema en tu Biblia junto al capítulo correspondiente.

Haz una lista para que escribas qué aprendes sobre cada una de las ofrendas con los siguientes títulos: LA OFRENDA: CAPÍTULO/VERSÍCULO; VOLUNTARIA/ INVOLUNTARIA; RAZÓN/PROPÓSITO. Esta lista te dará un resumen permanente de cada una de las ofrendas en una sola página.

PRIMERA SEMANA

Esta semana leerás sobre varias ofrendas. Al hacerlo, examina cada una a la luz de las seis preguntas básicas. Por ejemplo: "¿Cuál es la ofrenda? ¿Qué se debe ofrendar? ¿Qué se hace con ella? ¿Quién debe ofrecerla? ¿Por qué debía ofrendarse? ¿Cuándo? ¿Cómo?" Quizá no encuentres todas las respuestas a tus preguntas, pero verás todo lo que Dios considera importante.

PRIMER DÍA

Lee Éxodo 40:17,32-38 y Levítico 1:1,2 para observar la secuencia ininterrumpida de Éxodo a Levítico. Luego lee Levítico 1. Marca la frase *ofrenda encendida*[4].

SEGUNDO DÍA

Lee Levítico 2. Marca *ofrenda*[5] de *cereal* cada vez que aparezca.

TERCER DÍA

Lee Levítico 3. Señala *sacrificio de las ofrendas de paz*[6] cada vez que la encuentres.

CUARTO DÍA

Lee Levítico 4. Marca *ofrenda por el pecado*[7] o *expiación*. También señala *pecado* y *peca inadvertidamente*[8]. Cuando leas, observa los "distintos personajes involucrados": Los sacerdotes, líderes, la congregación y otros.

QUINTO DÍA

Lee Levítico 5. Señala la palabra *culpa*[9], *culpable*. También nota la palabra *restitución*[10] y observa qué debía restituirse y cuándo.

SEXTO DÍA

Lee Levítico 6. Señala la palabra *devolverá*[11]. También, observa las leyes para las diferentes ofrendas.

SÉPTIMO DÍA

Para guardar en tu corazón: Levítico 5:17.
Para leer y discutir: Levítico 5:14-6:7; Ezequiel 33:10-16.

PREGUNTAS OPCIONALES PARA LA DISCUSIÓN O ESTUDIO INDIVIDUAL

∞ ¿Qué has aprendido sobre el pecado esta semana? Si pecamos sin intención, ¿se nos considera responsables aún?

∞ ¿Qué proveyó Dios para tratar con los pecados del pueblo?

∞ ¿Era importante la restitución? ¿A quién debía hacerse la restitución? ¿Cómo debía hacerse?

ᑫᐧ ¿Por qué sería importante la restitución?

ᑫᐧ ¿Piensas que un cristiano debe hacer restitución? ¿Por qué? ¿Conoces algún pasaje en las Escrituras que pudiera apoyar o contradecir tu posición con respecto a la restitución?

PENSAMIENTO PARA LA SEMANA

Ya sea que se haya cometido pecado voluntaria o involuntariamente, éste tiene consecuencias. Lo correcto es pedirle perdón a Dios y a aquel contra quien hemos pecado. Sin embargo, además de confesar y pedir perdón, nuestro arrepentimiento genuino se muestra por la restitución hecha a la persona que fue afectada de una manera material o tangible. ¿Hay alguna persona a quién debes restituir algo? Hacer esto puede ser costoso para ti, pero recuerda primero, lo costoso que fue para Jesucristo y también para aquella persona contra la cual pecaste. ¿Qué más puedes hacer?

SEGUNDA SEMANA

PRIMER DÍA

Lee Levítico 7. Señala la referencia a las leyes de las distintas ofrendas.

SEGUNDO DÍA

Lee levítico 8. Observa con cuidado todo lo que fue hecho a Aarón y sus hijos.

TERCER DÍA

Lee 1 Pedro 1:13-2:10. Señala las palabras: *Santo, obediente (obediencia), sacerdocio, sacrificios espirituales.*

CUARTO DÍA

Lee Levítico 9. Observa con cuidado cómo debían ofrecer los sacrificios Aarón y sus hijos. Además, señala la *gloria del Señor*[12].

~~~

Quinto Día

Lee Levítico 10:1-7. Escribe qué aprendes acerca de Dios. Regístralo en el margen de tu Biblia.

~~~

Sexto Día

Lee Levítico 10:8-20. Una vez más escribe qué aprendes acerca de Dios. Sin embargo, también nota cómo se tratan Aarón y Moisés. Escribe qué aprendes sobre el liderazgo.

~~~

Séptimo Día

Para guardar en tu corazón: Levítico 10:3.

Para leer y discutir: Levítico 10; 1 Pedro 2:4-10; Apocalipsis 1:5,6.

Preguntas Opcionales Para la Discusión o Estudio Individual

∾ ¿Por qué dijo Dios que Nadab y Abiú, los hijos de Aarón, no lo trataron a Él como santo? ¿Qué hicieron ellos y cuáles fueron las consecuencias?

∾ ¿Qué aprendiste sobre el sacerdocio en los capítulos que estudiaste esta semana?

∾ Según los pasajes del Nuevo Testamento que estudiaste, ¿quiénes son los sacerdotes hoy y qué espera Dios de ellos?

∾ ¿Qué aprendiste esta semana acerca de Dios y Su manera de actuar?

∾ ¿Tu manera de vivir manifiesta el llamamiento que Dios te hizo para ser un sacerdote de Él? ¿Qué necesitas hacer?

PENSAMIENTO PARA LA SEMANA

Dios coloca a Sus hijos en el sacerdocio. Los sacerdotes ofrecen sacrificios. A la luz de todo lo que el Padre, el Hijo y el Espíritu Santo hicieron por nosotros al entregarnos el glorioso evangelio, ¿nuestro primer sacrificio no debería ser el que se nos pide en Romanos 12:1,2? En verdad es un sacrificio razonable. Como sacerdotes de Dios, ¿podemos vivir de la misma manera que los demás? ¿No hay un llamado altísimo y legítimo en nuestra vida? Recuerda que "Pero ustedes son linaje escogido, real sacerdocio, nación santa, pueblo adquirido para posesión de Dios, a fin de que anuncien las virtudes de Aquél que los llamó de las tinieblas a Su luz admirable." (1 Pedro 2:9). ¡Vive de acuerdo a esta verdad!

TERCERA SEMANA

PRIMER DÍA

Lee Levítico 11 y 12. Marca la palabra *inmundo*[13].

SEGUNDO DÍA

Lee Levítico 13 y 14. Señala las palabras *leproso*[14] y *lepra*[15]. Escribe qué aprendes con relación a la lepra.

TERCER DÍA

Lee Levítico 15. Señala las palabras *inmundo*[16] e *inmundicia*[17].

CUARTO DÍA

Lee Levítico 16. Estudiarás este capítulo durante los próximos tres días. Por lo tanto, en esta primera lectura sólo señala la palabra *ofrenda por el pecado*[18]. Además, observa las principales divisiones del capítulo.

Quinto Día

Lee Levítico 16:1-19. Marca las palabras clave de tu separador. Observa qué se hace con los dos machos cabríos y cómo se selecciona el macho *cabrío* expiatorio. Escribe una lista de las cosas que Aarón debe hacer con el becerro y con el macho cabrío para la ofrenda por el pecado. Consulta el diagrama del tabernáculo (el tabernáculo de reunión) en la sección anterior del libro de Éxodo localizado en la página 73.

Sexto Día

Lee Levítico 16:20-34. Señala las palabras clave. Escribe qué se hace con el macho cabrío expiatorio. Además, haz una lista de los hechos básicos que aprendes en este capítulo sobre el día de la expiación.

Séptimo Día

 Para guardar en tu corazón: Levítico 16:30.
Para leer y discutir: Levítico 16:29-34; Hebreos 9:6-15.

Preguntas Opcionales Para la Discusión o Estudio
Individual

∾ ¿Qué proceso debía seguir el sumo sacerdote en el día de la expiación? En un pizarrón, dibuja un diagrama del tabernáculo, (ver la página 73) y con esta ayuda, anima a tu clase a describir todo el procedimiento.

∾ ¿Qué piensas sobre el procedimiento de los dos machos cabríos con relación a la expiación del pecado?

∾ ¿Cómo se compara todo esto con el sacrificio de Jesucristo por nuestros pecados? ¿Qué aprendiste de Hebreos 9?

∾ ¿Qué seguridad te da esto en relación a tu propio pecado?

∾ ¿Qué te dice todo esto acerca de Dios?

Pensamiento Para la Semana

Para los que caminan en la fe y los que creen la Palabra de Dios, la carga del pecado se ha ido. Estamos viviendo después del evento en la cruz. Somos participantes del Nuevo Pacto. Jesucristo entró en el lugar santo en el cielo para comparecer ante la presencia de Dios por nosotros. Él es nuestra ofrenda por el pecado, nuestro "macho cabrío expiatorio". Su sangre nos limpia de todo pecado. Si hemos nacido de nuevo por el Espíritu, "somos santificados mediante la ofrenda del cuerpo de Jesucristo hecha una vez para siempre" (Hebreos 10:10). Por esto no hay condenación para los que están en Cristo Jesús.

Si por causa de tus pecados te sientes como un ciudadano de segunda clase en el reino de los cielos, desecha esos sentimientos y camina en la fe. Sin fe es imposible agradar a Dios. Los que se acercan a Él deben creer en Él y Él recompensará a los que le buscan con diligencia.

No vivas como si el Nuevo Pacto nunca hubiera ocurrido; no recuerdes tus pecados año con año.

CUARTA SEMANA

PRIMER DÍA

Lee Levítico 17 y Hebreos 9:22. Marca la palabra *sangre* y escribe lo que aprendas.

SEGUNDO DÍA

Lee Levítico 18. Marca la palabra *desnudez*[19]. Escribe qué aprendes sobre los pecados sexuales, incluyendo qué le ocurre a los que se corrompen de esta manera.

TERCER DÍA

Lee Levítico 19. Marca las palabras *prójimo* y *amor*. Escribe qué aprendes de ellas. Además, marca de manera distinta cualquier mención del ocultismo.

CUARTO DÍA

Lee Levítico 20. Una vez más marca cada referencia al ocultismo. Haz una lista referente a este tema en Levítico 19 y 20. También define las distintas clases de pecado sexual descritos en este capítulo. Observa cómo les dijo Dios a los israelitas que debían tratar a los que pecaban de esta manera.

QUINTO DÍA

Lee Levítico 21. Haz una lista de las distintas normas para los sacerdotes.

SEXTO DÍA

Lee Levítico 22. Observa qué dice Dios referente a dar las cosas santas u ofrendas al Señor. Lee además, Malaquías 1:6-14.

SÉPTIMO DÍA

Para guardar en tu corazón: Levítico 20:10 ó 20:13. Para leer y discutir: Levítico 20:10-22; Proverbios 5:15-23; Romanos 1:25-27; 1 Corintios 6:18-20.

PREGUNTAS OPCIONALES PARA LA DISCUSIÓN O ESTUDIO INDIVIDUAL

ꙮ ¿Cuáles son las distintas clases de pecado sexual que se mencionan en Levítico? Escribe una lista de ellas y discute cómo cada pecado debe ser tratado según la Palabra de Dios.

ꙮ ¿Cuáles son las consecuencias del pecado sexual para una nación y una persona?

ꙮ ¿Qué aprendiste en Proverbios 5 con respecto a la relación entre esposos y el quebrantamiento de esa relación?

ꙮ Según Romanos 1:25-27, ¿qué manifiesta el pecado sexual y cuáles son las consecuencias de él?

ꙮ Según los pasajes estudiados, ¿es la homosexualidad una condición hereditaria o un pecado en contra de la voluntad y las leyes de Dios? Explica tu respuesta.

∾ A la luz de lo visto esta semana, ¿qué piensas sobre la enseñanza del "sexo seguro" ? ¿Por qué?

Pensamiento Para la Semana

Los mandamientos de Dios y las instrucciones con respecto a los pecados sexuales son muy claros. Tenemos escritas Sus advertencias sobre las consecuencias de nuestra desobediencia a Su voluntad revelada. Cuando una persona o nación desobedece y cosecha las consecuencias, no tiene excusa. Dios ha escrito esto en Su Palabra:

Sea el matrimonio honroso en todos, y el lecho matrimonial sin deshonra, porque a los inmorales y a los adúlteros los juzgará Dios. Porque Dios no nos ha llamado a impureza, sino a santificación. Por tanto, el que rechaza esto no rechaza a un hombre, sino al Dios que les da a ustedes Su Espíritu Santo. (Hebreos 13:4; 1 Tesalonicenses 4:7,8).

Si eres hijo de Dios, tienes el poder, capacidad y motivación para decir no a toda forma de pecado sexual, no coseches las consecuencias de la desobediencia, porque puedes estar seguro que "su pecado los alcanzará".

QUINTA SEMANA

PRIMER DÍA

Lee Levítico 23. Este capítulo expone las santas convocaciones o fiestas solemnes que debían celebrar los hijos de Israel. Al leerlo trata de distinguir cuáles eran.

SEGUNDO DÍA

Encontrarás un cuadro, LAS FIESTAS DE ISRAEL, al final de este estudio de Levítico en las páginas 112 y 113. Consulta este cuadro cuando hagas tus tareas ésta y la próxima semana.

Entender las fiestas de Israel te ayudará también a apreciar los evangelios, porque en ellos se mencionan a las fiestas continuamente.

Lee Levítico 23:1-3; Génesis 2:1-3; Éxodo 20:8-11; 31:12-17. Haz una lista de las enseñanzas que aprendes sobre el Sábado en estos pasajes. Escribe estas citas relacionadas en tu Biblia junto a Levítico 23:1-3.

TERCER DÍA

Lee Levítico 23:4,5 y Éxodo 12:1-14. Mañana buscarás también otros pasajes que se refieren a la Pascua. Sin embargo, ahora escribe qué aprendes sobre esta fiesta en estos pasajes.

Cuarto Día

Lee Éxodo 12:21-27; Juan 2:13-22; 13:1-7; 1 Corintios 5:7. Añade a tu lista lo nuevo que aprendas sobre la Pascua y su significado profético. En otras palabras, ¿hacía qué señalaba la Pascua?

Quinto Día

Lee Levítico 23:6-8 y 1 Corintios 5:7,8. Escribe qué aprendes sobre la Fiesta de los *Panes sin Levadura*[20] y hacia qué señalaba esta fiesta.

Sexto Día

Lee Levítico 23:9-14; 1 Corintios 15:20-23; Mateo 27:50-53. Indica qué aprendes sobre los *primeros frutos*[21]. Piensa cómo estas citas relacionadas explican el significado profético de la fiesta de los primeros frutos.

Séptimo Día

Para guardar en tu corazón: 1 Corintios 5:7,8.

Para leer y discutir: Si estudiaste Éxodo, repasa Éxodo 12:1-20. Después lee y discute 1 Corintios 15:1-3, 12-26.

Preguntas Opcionales Para la Discusión o Estudio Individual

෮ ¿Cómo se llamaban las tres primeras fiestas que comprendían la fiesta de la Pascua?

෮ ¿Qué simbolizaba cada fiesta en ese momento? ¿Qué piensas que simbolizaba la levadura?

०० Si Jesucristo murió y resucitó "conforme a las Escrituras", ¿de qué manera las tres fiestas de la Pascua, mostrarían la muerte y resurrección de Jesucristo?

०० ¿A qué apelaba Pablo cuando menciona las fiestas en 1 Corintios 5? ¿Qué pide a la iglesia de Corinto? ¿Por qué?

०० ¿Cómo vives en relación a la ofrenda que Cristo hizo por tu pecado? ¿Estás "celebrando la fiesta solemne"?

PENSAMIENTO PARA LA SEMANA

Las fiestas fueron dadas a los hijos de Israel como una figura de qué y quién vendría. Ellos debían guardarlas con fidelidad y celebrarlas cada año. Pero ahora, al fin de los tiempos, la sombra ha sido reemplazada por la sustancia. ¿Qué debemos hacer nosotros? Debemos vivir a la luz de la realidad de su cumplimiento. Hemos sido liberados de la esclavitud del pecado por la sangre de nuestro cordero pascual, el Señor Jesucristo. Ahora debemos celebrar la fiesta continuamente, echar fuera el pecado y celebrar la fiesta con el "pan sin levadura" de la sinceridad y la verdad. ¿Está cerca tu vida a la verdad? ¿Es sincero tu cristianismo? ¿Estás caminando en la renovación de tu vida resucitada? "Y tal como hemos traído la imagen del terrenal, traeremos también la imagen del celestial" (1 Corintios 15:49). ¿Qué imagen muestras al mundo que te rodea? ¡Celebremos la fiesta solemne! ¡Las personas perdidas deben ver y sentir la diferencia, para que puedan desear a nuestro amado Jesús!

SEXTA SEMANA

PRIMER DÍA

Lee Levítico 23:15-21 y Hechos 2. Escribe todas las enseñanzas que aprendes sobre la fiesta de Pentecostés y su significado profético.

SEGUNDO DÍA

Lee Juan 7:37-39; Gálatas 3:13-15; Efesios 1:13,14; 1 Corintios 12:13. Observa cómo estos pasajes narran el cumplimiento de pentecostés. Para conocer el simbolismo de los dos panes (Levítico 23:17) busca Efesios 2:11-22; 3:6.

TERCER DÍA

Lee Levítico 23:23-25; Isaías 11:12; Mateo 24:31; Ezequiel 36:24. Escribe qué aprendes con respecto a la fiesta de las trompetas y su futuro cumplimiento profético.

CUARTO DÍA

Lee Levítico 23:26-32 y Ezequiel 36:25-27. Escribe qué aprendes referente al día de la expiación. Recuerda todo lo aprendido en Levítico 16. Ya que la nación de Israel no reconoció a Jesús como el Cordero Pascual que quitó los pecados del mundo en Su primera venida, ¿es el día de la expiación una señal profética del día cuando todo Israel será salvo (Romanos 11:26,27)?

QUINTO DÍA

Lee Levítico 23:33-44 y Juan 7:2,37-39. Observa qué aprendes sobre la fiesta de los tabernáculos (o tiendas) y luego fíjate qué hizo Jesús en esta celebración.

SEXTO DÍA

Lee Zacarías 14. Observa los acontecimientos que culminarán en la futura celebración de la Fiesta de los Tabernáculos[22] que se menciona en Zacarías 14:16-21. También lee Ezequiel 36:28,38; 37:26-28.

SÉPTIMO DÍA

Para guardar en tu corazón: Juan 7:37-39.
Para leer y discutir: Levítico 23:15-34; Juan 7:37-39; Hechos 2:1-4, 16-18,38,39; Efesios 2:11-22; 3:4-6. Si dispones de tiempo, habla sobre el significado de todas las fiestas que estudiaste esta semana.

PREGUNTAS OPCIONALES PARA LA DISCUSIÓN O ESTUDIO INDIVIDUAL

∾ ¿Cuáles eran las instrucciones que los israelitas debían seguir en la fiesta de Pentecostés? Escribe cada cosa que debían hacer, luego fíjate en el número de panes y sus ingredientes. ¿Cómo se compara con la fiesta de la Pascua?

∾ ¿Qué ocurrió en la fiesta de Pentecostés en Hechos 2?

∾ ¿Cómo se relaciona este evento con la promesa de Jesús en Juan 7:37-39?

∾ ¿Cómo se relaciona esto con los versículos que estudiaste en los capítulos dos y tres de Efesios?

∾ ¿Qué figura representaba la fiesta de Pentecostés?

∾ Al estudiar las fiestas, ¿qué aprendes acerca de Dios, Su Palabra y Su manera de actuar?

PENSAMIENTO PARA LA SEMANA

En Romanos 11:25-29 Pablo escribe:

> Porque no quiero, hermanos, que ignoren este misterio, para que no sean sabios en su propia opinión: que a Israel le ha acontecido un endurecimiento parcial hasta que haya entrado la plenitud de los Gentiles. Así, todo Israel será salvo, tal como está escrito: "El Libertador vendra de Sion; apartara la impiedad de Jacob. Y este es Mi pacto con ellos, cuando yo quite sus pecados." En cuanto al evangelio, son enemigos por causa de ustedes, pero en cuanto a la elección de Dios, son amados por causa de los padres. Porque los dones y el llamamiento de Dios son irrevocables.

Según estos versículos Dios no ha terminado con la nación de Israel. ¿Será que en la primera venida de Cristo hemos visto el cumplimiento de las primeras cuatro fiestas hasta el Pentecostés? ¿Será que los que han creído en Jesucristo han cosechado los beneficios proféticos de estas fiestas, pero aún faltan otras tres fiestas, las trompetas, la expiación y los tabernáculos, que no veremos cumplidas hasta la segunda venida de Cristo, cuando Israel como nación reconocerá a Jesucristo como el Mesías?

Piensa en esto: ¿Cuánto tiempo falta para su cumplimiento? Permanece velando porque Él vendrá como ladrón en la noche. ¡Prepárate!

SÉPTIMA SEMANA

PRIMER DÍA

Lee Levítico 24:1-16,23 y Éxodo 20:7. Escribe qué significa tomar el nombre del Señor en vano[23].

SEGUNDO DÍA

Lee Levítico 24:17-23; Éxodo 21:22-29; Génesis 9:5,6; Mateo 5:38-42. Escribe qué aprendes sobre el valor de una vida. Además, fíjate cómo la ley controlaba que la parte ofendida no tomara una venganza desenfrenada.

TERCER DÍA

Lee Levítico 25:1-22. Señala las palabras: *jubileo, tierra* y *año de reposo*[24]. Escribe qué aprendes sobre el año de jubileo. Busca Levítico 25:23-38 y escribe una lista de las cosas que observas sobre la redención de la tierra y por qué debía redimirse.

Cuarto Día

Lee Levítico 25:39-55. Marca las siguientes palabras: *jubileo, tierra, hermano*[25], *redención*[26] *(redimir)*. Escribe qué aprendes sobre la redención de un pariente.

Quinto Día

Lee Levítico 26 y 27. Marca *pacto, ídolo(s), tierra, días de reposo*[27] y la frase *siete veces por sus pecados*. Después escribe una lista de los resultados de la obediencia y la desobediencia.

Sexto Día

Lee Levítico 27 y Mateo 5:33-37. Marca *votos, consagrar*[28]*, valuación*[29] y entonces escribe todo lo que aprendas sobre la importancia de los votos.

Séptimo Día

 Para guardar en tu corazón: Levítico 26:13,46.
Para leer y discutir: Levítico 26:1-17,40-46.

Preguntas Opcionales Para la Discusión o Estudio Individual

∽ Según Levítico 26, ¿qué haría Dios si los hijos de Israel le obedecían? ¿Cuáles serían las consecuencias si no lo hacían? Escribe tus respuestas en dos columnas. Al hacerlo, observa el grado de juicio que vendría por sus pecados.

∽ ¿Qué aprendiste al marcar la palabra *pacto*?

ᘛ Al estudiar esta semana, ¿qué has aprendido acerca de Dios y Su manera de actuar con los hijos de Israel?

ᘛ ¿Piensas que Dios puede pasar por alto la desobediencia en la vida de un cristiano? ¿Qué aprendiste acerca de Dios que puedes aplicar a tu vida?

ᘛ ¿Toleras el pecado en tu propia vida? ¿De qué manera específica te ha hablado el Señor a través de Su Palabra? ¿Qué cambios harás al respecto?

PENSAMIENTO PARA LA SEMANA

Parece que nuestra generación escucha más de nuestra felicidad que de la santidad de Dios. ¿Estamos siendo engañados y desviados al buscar más *nuestra* felicidad que *Su* santidad?

Levítico nos revela la mente y el corazón de Dios en cuanto a nuestra relación con Él, con otros y con el pecado.

El carácter de Dios y Sus caminos no cambian: "Yo soy el Alfa y la Omega," dice el Señor Dios, "el que es y que era y que ha de venir, el Todopoderoso" (Apocalipsis 1:8).

Él es quien dice: "sino que así como Aquél que los llamó es Santo, así también sean ustedes santos en toda su manera de vivir." Porque escrito está: "Sean santos, porque Yo soy santo." (1 Pedro 1:15,16).

Él es el que nos dice en la carta a los Hebreos: "Busquen la paz con todos, y la santidad, sin la cual nadie verá al Señor" (Hebreos 12:14).

Ahora que has estudiado Levítico y visto qué dice la Palabra de Dios, ¿buscarás tu felicidad o la santidad de Dios? La decisión es tuya, pero recuerda que no puedes elegir las consecuencias.

Si realmente quieres ver un avivamiento en tu vida, tu iglesia y nación, recuerda que esto ha sucedido únicamente cuando los hijos de Dios han decidido enfrentarse a sus pecados; no encubriéndolos, sino confesándolos y abandonándolos. Entonces el Espíritu de Dios ha llegado y alcanzado a aquellos que no le conocían.

El avivamiento comienza con la búsqueda de Dios, y ésta nos lleva a la verdadera santidad.

LAS FIESTAS DE ISRAEL

		Mes 1 (Nisán) Fiesta de la Pascua			Mes 3 (Siván) Fiesta de Pentecostés
Esclavos en Egipto	Pascua	Pan sin Levadura	Las Primicias		Pentecostés o Fiesta de las Semanas
	Se mata el cordero y se pone su sangre en el dintel Éxodo 12:6, 7	*Limpieza de todo lo leudado* (símbolo del pecado)	*Ofrenda de la gavilla mecida* (promesa de la cosecha futura)		*Ofrenda mecida de dos panes con levadura*
	Mes 1, día 14 Levítico 23:5	Mes 1, día 15 durante 7 días Levítico 23:6-8	Día después del día de reposo Levítico 23:9-14		50 días después de las primicias Levítico 23:15-21
Todo el que comete pecado es esclavo del pecado	Cristo, nuestra Pascua, ha sido sacrificado	Limpien... la levadura vieja... así como lo son, sin levadura	Cristo ha resucitado... las primicias	Se va para que venga el Conso- lador	Promesa del Espíritu, misterio de la iglesia: Judíos y Gentiles en un solo cuerpo
				 Monte de los Olivos	
Juan 8:34	1 Corintios 5:7	1 Corintios 5:7, 8	1 Corintios 15:20-23	Juan 16:7 Hechos 1:9-12	Hechos 2:1-47 1 Corintios 12:13 Efesios 2:11-22

Meses: Nisán — *Marzo, Abril* • Siván — *Mayo, Junio* • Tisri — *Septiembre, Octubre*

	Mes 7 (Tisri) Fiesta de los Tabernáculos		
	Fiesta de las Trompetas *(shofar)*	Día de la expiación	Fiesta de los Tabernáculos
Intervalo entre las fiestas	*Al son de trompetas (shofar) – una santa convocación*	*Se debe hacer expiación para ser limpios* Levítico 16:30	*La celebración de la cosecha conmemora los tabernáculos en el desierto*
	Mes 7, día 1 Levítico 23:23-25	Mes 7, día 10 Levítico 23:26-32	Mes 7, día 15, durante 7 días, día 8, santa convocación Levítico 23:33-44
	Retorno de Judíos a Israel en preparación para el último día de expiación Jeremías 32:37-41	Israel se arrepentirá y mirará al Mesías en un solo día Zacarías 3:9, 10; 12:10; 13:1; 14:9	Las familias de la tierra irán a Jerusalén a celebrar la fiesta de los Tabernáculos Zacarías 14:16-19	Cielo nuevo y tierra nueva El Tabernáculo de Dios con los hombres Apocalipsis 21:1-3
	Ezequiel 36:24	Ezequiel 36:25-27 Hebreos 9, 10 Romanos 11:25-29	Ezequiel 36:28	

Israel tenía dos cosechas cada año — primavera y otoño

Tema de Levítico

DIVISIÓN POR SECCIONES

Autor:	CONSIDERAR LEYES PARA	DIVISIÓN PRINCIPAL		TEMAS DE LOS CAPÍTULOS
			1	
Trasfondo Histórico:		ADORANDO A UN DIOS SANTO	2	
			3	
			4	
Propósito:			5	
			6	
			7	
Palabras Clave:			8	
			9	
(incluyendo sinónimos)			10	
			11	
			12	
			13	
			14	
			15	
			16	
		VIVIENDO UNA VIDA SANTA	17	
			18	
			19	
			20	
			21	
			22	
			23	
			24	
			25	
			26	
			27	

NÚMEROS

NÚMEROS
ESTAS COSAS SUCEDIERON
COMO EJEMPLO PARA NOSOTROS...
ᗃ ᗃ ᗃ ᗃ

Números comienza como su nombre: con números. Sin embargo, pronto se convierte en el relato histórico del pueblo al que Dios numeró. Y cuando eso ocurre, hay varias lecciones valiosas que los hijos de Dios deben aprender: "Porque todo lo que fue escrito en tiempos pasados, para nuestra enseñanza se escribió, a fin de que por medio de la paciencia (perseverancia) y del consuelo de las Escrituras tengamos esperanza" (Romanos 15:4).

Si perseveras a través de los primeros capítulos de Números, descubrirás que la Palabra hace su obra; juzgando los pensamientos y las intenciones de tu corazón, purificándote y llevándote a un mayor entendimiento de Aquel a quien llamas Padre.

INSTRUCCIONES GENERALES

Al leer Números encontrarás ciertas palabras clave que necesitas señalar de manera distinta, para verlas con facilidad en el texto. Escríbelas en una tarjeta de 9x15 que puedas usar como un separador de páginas. Subraya o señala las palabras en el separador, de la misma manera como piensas hacerlo en tu Biblia.

Las palabras y frases son:

número (censo)[1]
el Señor habló[2]
servicio
nube
desierto
tienda de reunión[3]
guerra[4]

También señala la frase *los hijos de*_____.
Además marca de quién eran hijos.

Primera Semana

Primer Día

Lee Números 1 y 2. Observa la escena de Números 1:1. Busca Éxodo 40:17 y Números 1:1 y verás que ha transcurrido un mes entre el final de Éxodo y el principio de Números. Levítico cubre el período de un mes únicamente.

Al leer Números 2, busca la página 119 para observar el orden del campamento.

Al leer los primeros dos capítulos de Números, cada vez que encuentres *los hijos de____* y se mencione una de las tribus de Israel, señala esa frase para que así puedas distinguir con rapidez qué se dice con respecto a cada tribu.

Marca las referencias a los levitas y haz una lista sobre lo que aprendes de ellos al leer el pasaje. También observa cualquier otra frase clave repetida que desees marcar.

Escribe el tema principal de cada capítulo en el cuadro del PANORAMA GENERAL DE NÚMEROS en la página 139. Cuando termines, tendrás un resumen de este libro que podrás consultar en cualquier momento. También puedes anotar el tema en tu Biblia al lado del capítulo correspondiente.

୬ฦ୯ଡ

SEGUNDO DÍA

Lee Números 3 y 4. Marca todas las referencias a los levitas y también la palabra *primogénito*.

Anota los nombres de los tres hijos de Leví. Luego cuando leas acerca de cada uno ellos, escribe cuáles eran sus tareas específicas. Esa información te ayudará a entender por qué Dios ejecuta Su juicio en momentos determinados.

Distribución de los campamentos de la Tribus de Israel

୬ฦ୯ଡ

TERCER DÍA

Lee Números 5. Marca las siguientes palabras: *infiel*[5], *celos*. Fíjate en las distintas leyes que aparecen en este capítulo y qué tratan.

✍

CUARTO DÍA

Lee Números 6. Marca la palabra *nazareo* cada vez que aparezca. Además escribe qué aprendes acerca del voto de un nazareo. Recuerda que Jesús fue un nazareno, es decir, de la aldea de Nazaret. Así que no confundas *nazareo* con *nazareno*.

✍

QUINTO DÍA

Lee Números 7. Trata de hacer las seis preguntas básicas a la enseñanza sobre las ofrendas que los líderes de Israel debían realizar.

✍

SEXTO DÍA

Lee Números 8. Marca cada referencia a los levitas y una vez más haz una lista de lo que aprendas. Recuerda que ellos eran los sacerdotes de Israel.

✍

SÉPTIMO DÍA

Para guardar en tu corazón: Números 3:10.
Para leer y discutir: Números 3:1-13; Apocalipsis 1:4-6; 1 Pedro 2:9-17.

PREGUNTAS OPCIONALES PARA LA DISCUSIÓN O ESTUDIO INDIVIDUAL

∽ ¿Qué aprendiste acerca del primogénito? (Escribe tus impresiones en el pizarrón).

∽ ¿Qué personas podían reemplazar a los primogénitos? ¿Qué debían hacer? ¿Podía alguien más hacer lo que a ellos les correspondía? (Verás cómo todo esto ayuda cuando estudies otros pasajes de las Escrituras).

∞ ¿Cuáles eran los nombres de los tres hijos de Leví? ¿Cuáles fueron los deberes particulares de estos tres hijos?

∞ ¿Qué paralelos observas entre el sacerdote en el Antiguo Testamento y la manera como Dios se refiere a aquellos que han creído en el Señor Jesucristo?

∞ ¿Qué aprendiste acerca de los creyentes cuando estudiaste 1 Pedro 2:9-17? Si aplicaras estas verdades a tu vida, ¿cómo afectaría tu manera de vivir?

PENSAMIENTO PARA LA SEMANA

Al igual que los levitas, pertenecemos al Señor, somos un reino de sacerdotes para nuestro Dios. Nuestra principal ocupación y preocupación debe ser adorar a nuestro Dios en todos los aspectos de nuestra vida como Él lo merece. Si comemos o bebemos o hacemos cualquier otra cosa, debemos hacer todo para la honra y la gloria de nuestro Dios.

SEGUNDA SEMANA

PRIMER DÍA

Lee Números 9. Escribe cuándo, a quién y dónde habla el Señor. Coloca un símbolo de tiempo, por ejemplo, un reloj en el margen de tu Biblia junto al versículo 1. Marca las palabras *pascua* y *nube*. Escribe las instrucciones con respecto a la nube.

SEGUNDO DÍA

Lee Números 10. Marca las palabras clave que tienes en tu separador. Presta especial atención a la nube, porque algo importante ocurre en este capítulo. Cuando leas, examina este pasaje con la ayuda de las seis preguntas básicas.

TERCER DÍA

En Números 10:11 comienzan las jornadas de Israel, que duraron treinta y nueve años. Este período se narra hasta Números 21:35.

Lee Números 11. Hay mucho que observar en este capítulo. Haz una lista de los personajes principales y observa qué aprendes acerca de ellos. Además, medita acerca de Dios y cómo trata con los israelitas.

Escribe una lista de tus impresiones acerca de Moisés en tu cuaderno de notas. Si estudiaste primero Éxodo, ya tienes iniciada esta lista. Recuerda escribir las lecciones para tu vida que aprendas de Moisés. Si haces esto, siempre tendrás información valiosa que puedas compartir con otros cuando el Señor te de la oportunidad.

Cuarto Día

Lee Números 12. Escribe una lista de las lecciones que aprendes en este capítulo acerca de Moisés, Aarón, Miriam[6] y Dios.

Quinto Día

Lee Números 13. Mientras lees este capítulo consulta el mapa en la página 124. Marca la palabra *tierra* y escribe qué aprendes sobre ella. Haz las seis preguntas básicas para comprender el tema referente a la tierra. Observa qué dicen los espías y cómo responde el pueblo.

Sexto Día

Lee Números 14. Marca cada referencia a Moisés, Josué y Caleb y observa qué aprendes con respecto a estos hombres. También escribe la información que obtengas acerca de Dios y Su pueblo. No olvides anotar tus impresiones acerca de Moisés.

Séptimo Día

Para guardar en tu corazón: Números 14:11 o 14:18.
Par leer y discutir: Números 13:30-14:9; 14:28-38.

PREGUNTAS OPCIONALES PARA LA DISCUSIÓN O ESTUDIO
INDIVIDUAL

∾ ¿Por qué fueron los hijos de Israel a espiar la tierra que
Dios les había prometido? ¿Quiénes fueron? ¿Cómo
era la tierra? ¿Qué ocurrió como resultado de este
viaje? Analiza este acontecimiento con la ayuda de las
seis preguntas básicas.

∾ ¿Cómo respondieron los hijos de Israel al informe de
los espías? ¿Cómo respondieron Moisés y Aarón a los
israelitas? ¿Qué te dice esto acerca de Moisés y Aarón?

El Éxodo de Egipto a Canaán

✍ ¿Cómo respondió Dios a todo esto? ¿Qué aprendes en este incidente acerca de Dios y Su manera de actuar con Su pueblo? ¿Hace distinciones en la manera cómo trata a las personas? ¿Por qué?

✍ ¿Qué les sucedió a los israelitas? ¿Cómo puedes comparar esto con sus temores y quejas sobre la entrada a la tierra prometida?

✍ ¿Qué aprendiste para aplicar a tu propia vida? ¿Respondes alguna vez como los hijos de Israel o te pareces más a Josué, Caleb y Moisés? Si contestaste que a los últimos, ¿qué puedes esperar del pueblo de Dios que va en la misma dirección que tú vas?

Pensamiento Para la Semana

Sin fe es imposible agradar a Dios; los que se acercan a Él deben creer que Él es Dios. El Dios de toda carne, el Dios de lo imposible, el Dios que pregunta: "¿Hay algo demasiado difícil para mí?" Él es el Dios que obra conforme a Su voluntad en los ejércitos celestiales y entre los habitantes de la tierra. Él es el Dios que dice: "'Clama a Mí, y Yo te responderé y te revelaré cosas grandes e inaccesibles, que tú no conoces".

¿No crees que fue una locura completa de los israelitas no creer en Él? ¿Cómo pudieron los israelitas ser tan insensatos como para escuchar a sus compañeros en lugar de la Palabra del Dios Todopoderoso? ¿A quién escuchamos nosotros?

TERCERA SEMANA

PRIMER DÍA

Lee Números 15. Señala las frases *hizo inadvertidamente y por error*[7] *y con desafío*[8]. Después escribe qué aprendes al señalar cada una de esas frases. También escribe el propósito de los flecos. Cuando uno viaja hoy a Israel, ve muchos judíos ortodoxos que usan chales de oración debajo de sus ropas. A veces los flecos pueden verse colgando de su cintura o debajo de sus sacos. Ahora sabes de dónde viene esa práctica.

SEGUNDO DÍA

Lee Números 16. Marca cada referencia a Coré, Datán y Abiram. Escribe qué aprendes acerca de estos hombres.

TERCER DÍA

Lee Números 16 nuevamente. Marca las palabras *murmuró* y *congregación*. Después haz una lista de toda la información que obtengas acerca de Moisés, Dios y el pueblo.

CUARTO DÍA

Lee Números 17. Marca las palabras *vara* y *varas* (junto con cualquier pronombre que se refiera a ellas), *murmuran*[9] y los *israelitas*[10]. Anota qué aprendes acerca de la vara de Aarón y qué debía hacerse con ella.

QUINTO DÍA

Lee Números 18. Marca cada referencia a Leví o levitas y al diezmo. Escribe qué aprendes al marcar estas palabras.

SEXTO DÍA

Lee Números 19 y Hebreos 9:13-15. Marca las palabras *cenizas* y *novilla*[11]. Después, escribe qué aprendes sobre las cenizas de la novilla alazana.

SÉPTIMO DÍA

Para guardar en tu corazón: 1 Corintios 10:11,12.
Para leer y discutir: Números 16:1-15, 41-50; 1 Corintios 10:1-6, 10; Judas 4, 10, 11.

PREGUNTAS OPCIONALES PARA LA DISCUSIÓN O ESTUDIO INDIVIDUAL

∾ ¿De qué hijo de Leví descendían los hijos de Coré? ¿Cuáles eran los deberes de esta familia? Si no lo recuerdas, busca en tus notas correspondientes a Números 3 y 4 para responder.

∾ ¿Cuál fue la queja de los hijos de Coré y cómo la enfrentó Moisés? ¿Cómo respondió la congregación de los israelitas a Moisés?

ᗑ ¿Cómo actuó Dios en esta situación? ¿Por qué? ¿Qué aprendes acerca de Dios y Su manera de actuar en este incidente?

ᗑ ¿Cómo usa Dios este incidente cuando le escribe a la iglesia de Corinto? ¿Qué lecciones tiene para nosotros? ¿Cómo puedes aplicar todo esto a tu propia vida?

ᗑ ¿Cómo se comparan los hijos de Coré con los hombres descritos en Judas 4 -11, 16? ¿Qué aprendes sobre la rebeldía y cómo puedes aplicarlo a nuestros días?

PENSAMIENTO PARA LA SEMANA

Dios debe ser adorado a Su manera, no a la nuestra. "Pero la hora viene, y ahora es, cuando los verdaderos adoradores adorarán al Padre en espíritu y en verdad; porque ciertamente a los tales el Padre busca que Lo adoren. 24 Dios es espíritu, y los que Lo adoran deben adorar en espíritu y en verdad" (Juan 4:23,24).

¿Conoces la verdad tan bien como para saber si estás adorando a Dios en verdad? Jesucristo oró por ti: "Santifícalos en tu verdad; tu Palabra es verdad" (Juan 17:17).

Pensamos que lo mismo ocurre cuando elaboras este estudio. Sabemos que es una batalla; Satanás hará todo lo posible para alejarte de la Palabra de Dios. Y es también una batalla con tu carne, la que puede tener toda clase de excusas y razones para no estudiar con disciplina y diligencia la Palabra. No te rindas. Resiste y camina en el Espíritu y de esta manera conocerás cómo adorar a Dios en espíritu y en verdad.

Persevera amigo, persevera.

CUARTA SEMANA

PRIMER DÍA

Lee Números 20. Además de las palabras en tu separador, señala *vara*, *peña*[12] y *agua*. Escribe qué aprendes acerca de Aarón y Moisés. Registra tus impresiones acerca de Moisés. Además, observa dónde ocurren los eventos de este pasaje. Presta atención a la información que obtengas con respecto a Edom y dónde viven los edomitas. Recuerda que estos son los descendientes de Esaú (Génesis 25:30). Consulta el mapa en la página 124.

SEGUNDO DÍA

Lee Números 21 y Juan 3:14-21. Marca las palabras *serpiente* o *serpientes* y después escribe qué aprendes sobre ellas. Además, observa los viajes de los hijos de Israel.

TERCER DÍA

Lee Números 22. Marca cada referencia a Balac y a Balaam. Haz una lista de las lecciones que aprendes acerca de estos dos hombres. También observa cuidadosamente qué hace Dios.

◌⃝◌

CUARTO DÍA

Lee Números 23. Continúa observando a Balac y Balaam. Fíjate con cuidado qué pudo y qué no pudo hacer Balaam. Escribe lo que aprendas en este capítulo acerca de Dios y Su pueblo.

◌⃝◌

QUINTO DÍA

Lee Números 24. Continúa observando a Balac y Balaam. Presta cuidadosa atención a las profecías de Balaam y todo lo que aprendas acerca de Dios y Su pueblo.

◌⃝◌

SEXTO DÍA

Lee Números 25. Examina el contenido de este capítulo con la ayuda de las seis preguntas básicas: ¿Quién? ¿Qué? ¿Cómo? ¿Cuándo? ¿Dónde? ¿Por qué? Después lee el Salmo 106:1-33.

◌⃝◌

SÉPTIMO DÍA

Para guardar en tu corazón: Números 20:12.

Para leer y discutir: Éxodo 17:1-7; 1 Corintios 10:4; Juan 7:37-39 (*venga* y *beba* en el versículo 37 están en tiempo presente y denotan una acción continua); Números 20:1-3.

PREGUNTAS OPCIONALES PARA LA DISCUSIÓN O ESTUDIO INDIVIDUAL

◌⃥ Cuando observas todos estos versículos, al hacer comparaciones entre las Escrituras contesta:
¿Qué simbolizaba la roca?

¿Qué simbolizaba golpear la roca?

¿Por qué no era necesario golpear la roca por segunda vez?

∾ ¿Qué les sucedió a Moisés y Aarón en Números 20? ¿Por qué?

∾ ¿Qué aprendes acerca de Dios en este incidente? ¿Cómo lo comparas con otras lecciones que has aprendido acerca de Dios y Su manera de actuar en Génesis, Éxodo y Levítico? ¿Piensas que Dios ha cambiado? ¿Ha cambiado Su manera de actuar?

∾ ¿Hay algo que has perdido o estás perdiendo en tu vida porque no has tratado a Dios con santidad?

PENSAMIENTO PARA LA SEMANA

Cuando te convertiste en un hijo de Dios al reconocer tu pecado e impotencia para salvarte a ti mismo o para hacerte aceptable ante los ojos de Dios a parte de la fe en el Señor Jesucristo y Su obra en la cruz del Calvario, fuiste hecho completo en Él (Colosenses 2:9,10). En Jesucristo tienes todas las cosas que pertenecen a la vida y a la piedad (2 Pedro 1:2,3). Cuando buscas otras fuentes — y dependes de la carne en lugar de hacer de Dios tu fuente y tu fuerza — ¿piensas que honras a Dios, que proclamas Su santidad ante los demás? ¿No es eso como pegarle por segunda vez a la Roca en lugar de sólo hablarle a la Roca en oración? ¡No tienes porque no pides!

Amado, ¿cuántas bendiciones pierdes por esta razón? Piensa en esto. Decide confiar en Dios aunque te mate como lo hizo Job y como Moisés deseó haberlo hecho.

QUINTA SEMANA

PRIMER DÍA

Lee Números 26. No olvides marcar *censo*[13]. También marca *heredad*. Escribe qué aprendes acerca de Caleb y Josué.

SEGUNDO DÍA

Lee Números 27. Escribe qué aprendes acerca de Moisés y Josué. También anota qué aprendes en este capítulo sobre la manera cómo Moisés trató las situaciones de liderazgo.

TERCER DÍA

Lee Números 28. Marca de una manera distinta las diferentes ofrendas que se mencionan en este capítulo.

CUARTO DÍA

Lee Números 29. Una vez más marca las distintas ofrendas. Además, marca cada referencia al tiempo.

QUINTO DÍA

Lee Números 30. Marca la palabra *voto* y escribe qué aprendes.

SEXTO DÍA

Lee Números 31. Marca *Madián* y *Balaam*. Después escribe qué aprendes de cada una de estas referencias. También, anota qué se hacía con los despojos de guerra, qué debía ser purificado y cómo.

SÉPTIMO DÍA

Para guardar en tu corazón: Judas 11.
Para leer y discutir: Números 31:1-20; 25:1-9; Apocalipsis 2:14.

PREGUNTAS OPCIONALES PARA LA DISCUSIÓN O ESTUDIO INDIVIDUAL

ᖍ Judas habla sobre el error de Balaam. ¿Cómo podrías describir a Balaam y cuál fue su error? (Si tienes un pizarrón en tu clase, escribe una lista de todo lo que el grupo recuerde acerca de Balaam).

ᖍ ¿Cómo se apartó la ira de Dios de los hijos de Israel cuando fornicaron con las hijas de Moab? ¿Qué aprendes de este incidente? Si estudiaste Levítico contesta, ¿cómo se relaciona lo que ocurrió en Números 25 con Levítico 20 y lo que Dios ha dicho sobre el pecado sexual?

ᖍ ¿Qué aprendes en Números 31 sobre las consecuencias del pecado de Israel?

ᖍ ¿Ves alguna similitud entre los relatos relacionados a Balaam y los hijos de Israel y lo que está sucediendo en el mundo hoy por la inmoralidad sexual?

ᔕ Ya que estas cosas se escribieron para nuestra enseñanza, ¿qué lecciones tiene Dios para nosotros en todo esto?

PENSAMIENTO PARA LA SEMANA

Nadie puede maldecir a los hijos de Dios efectivamente, porque somos bendecidos por Él. Sin embargo, cuando nosotros mismos nos dejamos seducir por el pecado, Dios debe disciplinarnos.

¡Cuán importante es que examinemos con diligencia a los que enseñan e influyen en los hijos de Dios (y observar con atención a aquellos que nos enseñan), para que no volvamos la gracia de Dios en libertinaje y pensemos que podemos vivir como nos plazca sin consecuencias!

Cuando pecamos como hijos de Dios, si no nos juzgamos a nosotros mismos, entonces "somos castigados por el Señor, para que no seamos condenados con el mundo" (1 Corintios 11:32).

¡Ay de los que se apresuran a lanzarse en el error de Balaam!

SEXTA SEMANA

PRIMER DÍA

Lee Números 32. Marca Rubén, Gad, Manasés, Josué y Caleb. Después escribe qué aprendes sobre cada uno.

SEGUNDO DÍA

Lee Números 33. Marca la palabra *jornadas*[14]. También, escribe qué aprendes en este capítulo acerca de Aarón y Moisés. Haz una lista de las instrucciones específicas de Dios a los hijos de Israel para cuando entraran a la tierra prometida de Canaán.

TERCER DÍA

Lee Números 34. Marca la palabra *límite*[15]. Observa el mapa en la página 136.

CUARTO DÍA

Lee Números 35:1-15. Marca la frase *ciudades de refugio*[16]. Escribe qué aprendes acerca de las ciudades de los levitas y las ciudades de refugio.

༄ঔৎ
QUINTO DÍA

Lee Números 35:16-34. Marca *ciudades de refugio*, el *vengador de la sangre*[17], *es asesino*[18] y *muerte al asesino*[19]. También, señala la palabra *tierra* y luego observa qué hace la sangre a la tierra.

༄ঔৎ
SEXTO DÍA

Lee Números 36. Marca la palabra *heredad*[20], *herencia*, en *posesión*[21].

Límites de Canaán

Séptimo Día

Para guardar en tu corazón: Números 32:23 o 35:31 ó 35:33.

Para leer y discutir: Génesis 9:5,6; Números 35:16-34; Ezequiel 22:1-16. Observa la mención repetida de la sangre en estos pasajes.

Preguntas Opcionales Para la Discusión o Estudio Individual

∾ ¿Qué aprendes en todos estos versículos sobre el carácter sagrado de la vida?

∾ Según la Palabra de Dios, ¿por qué la vida humana es algo tan especial? ¿Conoces algún otro pasaje de las Escrituras que apoye esta afirmación?

∾ ¿Cuáles debían ser las consecuencias para quien le quitara la vida a otra persona? ¿Cómo se ejecutarían estas consecuencias y por quién?

∾ ¿Habían algunas protecciones? ¿Cuáles eran?

∾ Según lo estudiado esta semana, ¿qué efecto tiene el derramamiento de sangre en la tierra? ¿Qué puede expiar el derramamiento de sangre?

∾ ¿Qué te dice esto acerca de Dios y Su manera de actuar? ¿Piensas que Dios ha cambiado? ¿Cuál piensas que es la perspectiva bíblica sobre la pena de muerte?

∾ ¿Piensas que una nación debe de ser gobernada a la luz de estas verdades o fueron sólo para la nación de Israel?

∾ ¿Qué piensas que sucedería si se respetara la Palabra de Dios en este tema? ¿Piensas que podría cambiar la sociedad? ¿Por qué?

∾ ¿Has tenido que ajustar algunas de tus creencias ahora que has estudiado Números? ¿Qué has aprendido para tu vida? ¿Qué diferencia hará este estudio en tu vida?

Pensamiento Para la Semana

Si la sangre contamina la tierra, entonces ¿dónde se encuentra tu nación si no aplica la pena capital o si legaliza el aborto?

Si Israel, la nación elegida por Dios, no escapó al juicio de Dios, ¿escapará tu nación?

¿Qué has aprendido sobre la importancia de creer en Dios, de seguirle por completo como lo hicieron Caleb y Josué aún cuando tengas que mantenerte firme tú solo?

Cuando Dios esté listo para contar a los fieles, aquellos que son sus guerreros valientes y recompensarlos, ¿serás contado entre ellos?

PANORAMA GENERAL DE NÚMEROS

Tema de Números:

DIVISIÓN POR SECCIONES

VIAJES/ CAMPA- MENTO		TEMA DE LOS CAPÍTULOS	Autor:
	1		
	2		
	3		
	4		Trasfondo
	5		Histórico:
	6		
	7		
	8		Propósito:
	9		
	10		
	11		
	12		Palabras
	13		Clave:
	14		
	15		(incluyendo
	16		sinónimos)
	17		
	18		
	19		
	20		
	21		
	22		
	23		
	24		
	25		
	26		
	27		
	28		
	29		
	30		
	31		
	32		
	33		
	34		
	35		
	36		

DEUTERONOMIO

DEUTERONOMIO
ESTA ES LA VIDA:
AMAR A DIOS Y OBEDECERLE...
ໜໜໜໜ

Deuteronomio es el último de los cinco libros que se conocen como el Pentateuco. Es la palabra final de Dios a través de Moisés su siervo fiel, a los hijos de Israel mientras se preparan para entrar en la tierra que fue prometida a Abraham, Isaac, Jacob y sus hijos como posesión perpetua.

Como Moisés no trató a Dios con la debida santidad, y golpeó la roca por segunda vez en lugar de hablarle, a Moisés no se le permitió entrar en la tierra prometida. Cuando Moisés terminó de repasar las leyes de Dios, Sus estatutos que gobernarían la vida de Su pueblo, subió al monte Nebo y murió. Otro líder guiaría a los hijos de Israel para cruzar el río Jordán hacia la tierra que fluía leche y miel. Josué era ese nuevo líder.

¿Qué importancia tiene este estudio para los que viven bajo el Nuevo Pacto de la gracia y no bajo el Antiguo Pacto de la ley? ¡Incalculable! La ley es santa; es una expresión de la justicia de Dios. Cuando la entendemos, comprenderemos qué le desagrada a nuestro Dios, qué es el pecado y cómo se manifiesta. Aprendemos cómo acercarnos a nuestro Dios santo para recibir perdón y purificación. La ley es el maestro que nos lleva a Cristo. La ley nos dice cómo vivir.

Entonces ¿por qué era necesario el Nuevo Pacto? Porque el sólo *conocimiento* de la ley no nos capacita para cumplirla. Por eso la necesidad de un Nuevo Pacto; un pacto que no sólo nos daría el perdón de todos nuestros pecados para siempre, sino también nos proveería alguien que nos capacitaría para caminar en la justicia de la ley. Este alguien es el Espíritu Santo de Dios. El Espíritu es quien lleva a cabo nuestra santificación a medida que conocemos la voluntad de Dios y caminamos en ella por el poder del Espíritu Santo.

Deuteronomio te enseñará mucho acerca de Dios: Su carácter, Su voluntad, Su forma de actuar. Al observar la relación de Dios con Su pueblo escogido, Israel, aprenderás cómo debes vivir al ser un miembro de la novia escogida, la iglesia.

Estudia con diligencia, para que aprendas a vivir como Su Hijo amado vivió: Él no vino a anular la ley, sino a cumplirla y lo hizo al vivir en el poder del Espíritu, haciendo siempre sólo lo que le agradaba al Padre. Lo que Jesucristo vio hacer al Padre, eso hizo Él. Lo que el Padre habló, Jesucristo lo habló. El Señor Jesucristo no vivió una vida sin ley, sino de sujeción, en dependencia completa al Padre y varias veces el Padre dijo: "Y se oyó una voz de los cielos que decía: "Este es Mi Hijo amado en quien Me he complacido".

Cuando el pueblo de Israel enfrentó problemas, fue porque no vivió en total dependencia y obediencia. Dios dijo: "Porque he sufrido a causa de sus corazones adúlteros que se apartaron de Mí, y a causa de sus ojos que se prostituyeron tras sus ídolos" (Ezequiel 6:9).

Que las enseñanzas de Deuteronomio te hagan caminar en el poder del Espíritu, "amando a Jehová tu Dios, atendiendo Su voz y siguiéndole a Él porque Él es vida para ti". Ésta es la vida a la cual te ha llamado Jesucristo tu Señor.

PRIMERA SEMANA

PRIMER DÍA

Lee Deuteronomio 1:1-5. Después, presta atención a las personas, lugares y cualquier referencia al tiempo. Lee Números 21:21-22:1 y 36:13. Lee nuevamente Deuteronomio 1:1-5. Aquí obtendrás el contexto histórico de Deuteronomio. Subraya de manera particular todas las referencias al tiempo, así podrás verlas con facilidad. Escribe cualquier observación que obtengas de estos versículos en el cuadro del PANORAMA GENERAL DE DEUTERONOMIO en la página 167. Además anota el tema principal de cada capítulo en ese mismo panorama cuando empieces a estudiar Deuteronomio capítulo por capítulo.

Si has estudiado Éxodo antes de comenzar este estudio, trabajaste en una lista de impresiones que obtuviste al estudiar la vida de Moisés. Cualquier otra observación que encuentres en Deuteronomio añádela a esa misma lista. Si aún no la has comenzado, hazlo ahora. Asegúrate de dejar suficiente espacio para añadirle más información mientras estudias.

SEGUNDO DÍA

En los primeros tres capítulos de Deuteronomio, Moisés mira hacia el pasado.

Lee Deuteronomio 1. Al leer éste y los siguientes capítulos, utiliza las seis preguntas básicas: ¿Quién? ¿Qué? ¿Cómo? ¿Cuándo? ¿Dónde? ¿Por qué?, para cuestionar el texto constantemente. Haz estas preguntas sobre los personajes principales, acontecimientos y enseñanzas que se dan en el capítulo. Aprenderás mucho. Escribe cualquier información que quieras recordar en el margen de tu Biblia. También, obtendrás valiosas "Lecciones Para la Vida" en tu estudio. Si deseas recordarlas, sencillamente escribe las iniciales "LPV" en el margen de tu Biblia y escribe qué aprendiste que te ayudará a vivir agradando a tu Padre Dios.

Escribe una lista en tu separador con las palabras clave de Deuteronomio que aparecerán a continuación. Usa un color diferente para cada una de ellas en el separador y luego en tu Biblia según las encuentres al leerla.

Las palabras clave que debes buscar en todo el libro de Deuteronomio son:

entonces (es una expresión de tiempo que te ayudará a ver la serie de acontecimientos en Deuteronomio).

temor[1]

corazón

mandar (te mando, mandando)[2]

mandamientos

escuchar[3]

guardar[4]

amor

acordarse, recordar

pacto

❧

TERCER DÍA

Lee Deuteronomio 2 y haz lo mismo que hiciste en el capítulo 1.

CUARTO DÍA

Lee Deuteronomio 3 y continúa tu trabajo.

QUINTO DÍA

Lee Deuteronomio 4. Fíjate en el cambio a partir de la frase: "Ahora, pues, oh Israel, escucha ..." Estas palabras inician una nueva sección que se extiende hasta el capítulo 11. En las próximas semanas mientras lees cada capítulo hasta el capítulo once, recuerda hacer las seis preguntas básicas. Verás palabras como: *cuando, entonces, guarden*[5] *oír, escuchar*[6] y *cuídate*[7]. Cuando trabajes en los capítulos 6, 7 y 9 y veas la palabra *cuándo*, fíjate si la palabra *entonces* eventualmente la sigue. Si esto ocurre, encierra en un círculo las palabras *cuándo* y *entonces* y únelas con una línea. Observa qué debía hacer el pueblo y qué hizo Dios.

Escribe los puntos principales de cada capítulo en el margen o subráyalos y anótalos en el texto numerándolos así; 1, 2, 3, etc.

SEXTO DÍA

Lee Deuteronomio 5. Sigue las mismas instrucciones de ayer.

SÉPTIMO DÍA

Para guardar en tu corazón: Deuteronomio 4:29.
Para leer y discutir: Deuteronomio 4:15-40.

*PREGUNTAS OPCIONALES PARA LA DISCUSIÓN O ESTUDIO
INDIVIDUAL*

∾ ¿Qué debían guardar cuidadosamente los hijos de Israel? Escribe una lista de todas las cosas con las que debían tener cuidado y por qué (si lo dice el texto).

∾ Junto a esa lista escribe las consecuencias de no "guardar cuidadosamente". Cuando piensas en la historia de Israel, ¿cuáles de estas consecuencias afrontaron? ¿Cómo? ¿Cuándo? ¿Han terminado?

∾ ¿Qué había hecho Dios por los hijos de Israel? ¿Por qué lo hizo?

∾ ¿Por qué se enojó Dios con Moisés?

∾ ¿Qué aprendes acerca de Dios en estos primeros cinco capítulos de Deuteronomio?

PENSAMIENTO PARA LA SEMANA

¿Estás afligido porque no te guardaste, viviendo en total obediencia y dependencia del Señor? ¿Estás condenado a vivir en aflicción y miseria por el resto de tu vida, sin ningún valor para Dios y para Su reino? Dondequiera que estés, busca a Dios con todo tu corazón y toda tu alma.

En los postreros días, cuando estés angustiado y todas esas cosas te sobrevengan, volverás al Señor tu Dios y escucharás Su voz. 31 Pues el Señor tu Dios es Dios compasivo; no te abandonará, ni te destruirá, ni olvidará el pacto que El juró a tus padres (Deuteronomio 4:30,31).

... porque El mismo ha dicho: Nunca te dejare ni te desamparare, de manera que decimos confiadamente: "El Señor es el que me ayuda; no temere... (Hebreos 13:5,6).

SEGUNDA SEMANA

Cuando leas cada capítulo, sigue las mismas instrucciones que recibiste la semana pasada.

PRIMER DÍA

Lee Deuteronomio 6. Este capítulo contiene el famoso "Shemá" judío en el versículo 4.

SEGUNDO DÍA

Lee Deuteronomio 7. Observa por qué los israelitas debían destruir del todo los pueblos que el Señor Dios les entregaría.

TERCER DÍA

Lee Deuteronomio 8.

CUARTO DÍA

Lee Deuteronomio 9. Fíjate por qué Dios estaba echando esas naciones.

Quinto Día

Lee Deuteronomio 10. Escribe qué exige el Señor Dios y por qué.

Sexto Día

Lee Deuteronomio 11. Marca la palabra *maldición* y escribe qué aprendes sobre ella. Escribe las dos opciones que Dios puso ante los israelitas. Busca el mapa en la página 150 y localiza el monte Gerizim y el monte Ebal.

Séptimo Día

 Para guardar en tu corazón: Deuteronomio 6:4,5 ó 11:18.

Para leer y discutir: Deuteronomio 6.

Preguntas Opcionales Para la Discusión o Estudio Individual

- ¿Cuál sería el peligro para los hijos de Israel una vez que entraran a la tierra prometida?
- ¿Ves la posibilidad de este mismo peligro en la vida de un cristiano?
- ¿Por qué se considera esto un peligro?
- ¿Cómo podían los hijos de Israel evitar caer en una trampa así? ¿Qué instrucciones específicas les dio Dios en Deuteronomio 6?
- ¿Por qué no quiso Dios que ellos tuvieran otros dioses aparte de Él? ¿Qué aprendes acerca de Dios en esta declaración? ¿Vives según esto o ha cambiado Dios? ¿Puede Él cambiar?
- ¿Cómo debía ser la relación de Israel con otros pueblos? ¿Por qué?

ᴄᴠ ¿Qué aprendes sobre la Palabra de Dios en Deuteronomio 8? ¿Qué ilustración usa Dios y cómo se asemeja a la manera que deberíamos vivir en relación a la Palabra de Dios?

Pensamiento Para la Semana

Las cosas que le ocurrieron a Israel acontecieron como un ejemplo y se escribieron como instrucción para nosotros, a quienes han alcanzado los fines de los siglos (1 Corintios 10:11). ¡Qué ejemplos y lecciones hay para nosotros en el libro de Deuteronomio! ¿Cuánto amamos a Dios? ¿Somos realmente diligentes para aprender Su Palabra y obedecerla? ¿Qué es lo más importante que podemos enseñar a nuestros hijos? ¿Somos diligentes al respecto? ¿Estamos tan ocupados que nos entregamos a lo temporal e ignoramos lo eterno?

¿Estamos tan preocupados por el dinero y por ganarnos la vida, por conseguir más y más, que hemos olvidado a nuestro Dios que nos sacó del mundo y de la esclavitud del pecado?

¡Cuídate de no olvidarte de tu Dios!

TERCERA SEMANA

PRIMER DÍA

En los capítulos 12 al 16 Moisés da a los hijos de Israel los estatutos y los juicios que debían observar. Al leer cada capítulo en esta sección de Deuteronomio, escribe en el margen las cosas que el pueblo debía hacer y por qué. También anota qué aprendes acerca de Dios. Añade las siguientes palabras y frases clave a tu separador y márcalos en tu Biblia en los capítulos restantes de Deuteronomio: *vida*[8], *muerte*[9], *bendición*[10], *quitarás el mal*[11].

Lee Deuteronomio 12.

SEGUNDO DÍA

Lee Deuteronomio 13. Observa con cuidado qué se debía hacer para quitar el mal de en medio del pueblo.

TERCER DÍA

Lee Deuteronomio 14. Marca la palabra *diezmo*[12] y haz una lista de las instrucciones referentes al diezmo.

CUARTO DÍA

Lee Deuteronomio 15. Marca la palabra *menesteroso*[13] y haz una lista de todas las lecciones que aprendes sobre el trato hacia él y el pariente que es vendido como esclavo.

QUINTO DÍA

Lee Deuteronomio 16. Marca la palabra *pascua* y las otras fiestas que se mencionan en este capítulo. Sería bueno consultar el cuadro "LAS FIESTAS DE ISRAEL" que aparece al final del estudio de Levítico localizado en las páginas 112 y 113.

SEXTO DÍA

Lee Deuteronomio 17. Marca la palabra *rey* y todos los pronombres que se refieran a él. Después escribe en el margen una lista de lo que aprendes acerca del rey.

SÉPTIMO DÍA

 Para guardar en tu corazón: Deuteronomio 17:19 y Apocalipsis 5:9,10.
Para leer y discutir: Deuteronomio 17:14-20.

PREGUNTAS OPCIONALES PARA LA DISCUSIÓN O ESTUDIO INDIVIDUAL

~ Según Deuteronomio 17, ¿cuáles eran las dos cosas que debían hacer los hijos de Israel para quitar el mal de en medio de Israel? ¿Por qué la idolatría merecía la muerte? ¿Qué hay de malo con la idolatría?

~ ¿Qué posición debían ocupar los sacerdotes? ¿Era importante ésta? ¿Cómo podría una persona mostrarse orgullosa con relación a esto?

~ Cuando un rey iniciaba su reinado, ¿qué cosas debía hacer? Escribe una lista de ellas y discute su significado. Si tienes tiempo, piensa en la vida del rey Salomón en relación a estos preceptos de acuerdo a los cuales debía vivir un rey.

~ ¿Específicamente, qué debía hacer el rey en relación a los cinco libros de la Biblia que estás estudiando ahora? Escribe los detalles y anota por qué debía hacerlo así.

~ ¿Cómo se relaciona todo esto con Deuteronomio 8:3?

~ Si el rey de Israel debía vivir de esta manera, ¿qué te dice a ti sobre cómo debes vivir? ¿Cómo eres descrito en Apocalipsis 5:9,10?

Pensamiento Para la Semana

Somos un reino de sacerdotes ante nuestro Dios y algún día reinaremos con Él sobre esta tierra. Es un pensamiento impresionante, pero aún más importante es que nuestra vida es un campo de adiestramiento espiritual que nos prepara para los días que vendrán. Somos Sus esclavos y Él nos ha mandado trabajar hasta el día en que Jesucristo reine como Rey de reyes y Señor de señores. El número de ciudades sobre las que reinaremos se determinará por la manera que administramos lo que Él nos ha dado. Esta verdad se describe en Lucas 19:11-27.

¿No te parecen valiosas e importantes las lecciones que obtienes de las instrucciones que Dios dio en Deuteronomio para el hombre que sería rey sobre Israel?

Esto se escribió como ejemplo e instrucción para nosotros, a quienes han alcanzado los fines de los siglos. Éste es el fin de la era; Jesucristo puede regresar en cualquier momento. ¿Estás listo?

CUARTA SEMANA

Sigue las instrucciones generales para cada capítulo como lo hiciste la semana pasada.

PRIMER DÍA

Lee Deuteronomio 18. Marca de manera particular todas las enseñanzas que se refieran al enemigo, por ejemplo: *adivinación, hechicería*[14] y otros.
Marca la palabra *profeta* y escribe qué aprendes acerca de los profetas.

SEGUNDO DÍA

Lee Deuteronomio 19. Marca las palabras *muerte, sangre* y *el vengador de la sangre*[15]. Escribe qué aprendes sobre ellas.

TERCER DÍA

Lee Deuteronomio 20. Marca *Guerra*[16] y *quién*[17].

CUARTO DÍA

Lee Deuteronomio 21. Escribe las reglas que se refieren a las esposas, hijos y al derramamiento de sangre inocente.

QUINTO DÍA

Lee Deuteronomio 22. Fíjate en los aspectos que este capítulo enseña con respecto a la inmoralidad.

SEXTO DÍA

Lee Deuteronomio 23. Este capítulo trata una gran variedad de reglas. Anota los distintos temas en el margen de tu Biblia junto al versículo correspondiente.

SÉPTIMO DÍA

 Para guardar en tu corazón: Deuteronomio 18:22.
Para leer y discutir: Deuteronomio 18:9-22.

PREGUNTAS OPCIONALES PARA LA DISCUSIÓN O ESTUDIO INDIVIDUAL

༖ ¿Cuáles son las cosas abominables que se mencionan en Deuteronomio 18 que Dios no quiere que los hijos de Israel aprendan o practiquen? Escribe una lista de ellas.

༖ ¿Por qué crees que Dios las considera abominables?

༖ ¿Con qué se comparan estas cosas hoy? ¿Están disponibles hoy? ¿Cuál piensas que debería ser nuestra actitud y comportamiento según la enseñanza en Deuteronomio y en otros pasajes del Pentateuco?

ᔆ Hay muchas personas que se llaman profetas hoy o permiten que otros los reconozcan como tales; profetas en el sentido que están haciendo predicciones específicas que no se encuentran en la Palabra de Dios. Según este pasaje, ¿cómo puede una persona reconocer a un falso profeta?

ᔆ ¿Cuál era el juicio para un profeta que hablara en el nombre de Dios cuando Él no le había dicho que hablara?

ᔆ ¿Qué cosas se mencionan en Deuteronomio que los hijos de Israel debían hacer para quitar la maldad de en medio de ellos? Escribe una lista de ellas. Mientras meditas sobre esta lista, ¿qué aprendes acerca de Dios y Su forma de actuar?

ᔆ ¿Qué has aprendido en tu estudio esta semana que necesitas poner en práctica?

PENSAMIENTO PARA LA SEMANA

¿Te ha interesado alguna vez el ocultismo? Quizás hayas leído por casualidad la sección del horóscopo en el periódico o en alguna revista. Es posible que hayas observado a los síquicos en la televisión y pensado: ¿Qué habrá de malo en eso? Quizás por curiosidad has leído un libro que trata sobre estos temas. Ya sea que creas en estas "cosas sobrenaturales" o no, ¿crees que deberías involucrarte en estas prácticas?

Según Deuteronomio, ¿qué piensa y siente Dios al respecto?

¿Qué piensas acerca de los "profetas" que escuchas? ¿Pasas más tiempo escuchándolos que estudiando la Palabra de Dios? ¿Qué es más importante? Si no sabes qué dice la Palabra de Dios, ¿cómo podrás distinguir si un profeta habla de parte de Dios o no?

¡Eres sabio al estudiar la Palabra de Dios con diligencia! Cuando veas a tu Señor cara a cara, te sentirás agradecido por haberte disciplinado de esta manera.

QUINTA SEMANA

PRIMER DÍA

Lee Deuteronomio 24. Escribe qué aprendes sobre la carta de divorcio y la razón de ella.

SEGUNDO DÍA

Lee Deuteronomio 25 y 26. Observa cómo Moisés concluye todos estos mandamientos en 26: 16-19.

TERCER DÍA

En Deuteronomio 27 al 30, Moisés presenta la necesidad de la obediencia y expone ante los hijos de Israel las bendiciones de la obediencia y las inevitables maldiciones que vendrán como consecuencia de la desobediencia.

Añade las siguientes palabras a tu separador y márcalas en tu Biblia mientras trabajas en los capítulos restantes de Deuteronomio: *maldición, maldiciones, maldito, bendición, bendiciones, bendito, nación*[18], *cautiverio, Señor*[19] *(y todo lo que hará)*.

Al leer estos capítulos, haz las seis preguntas básicas continuamente. Escribe quién o qué será afectado por la obediencia o la desobediencia del pueblo. También fíjate qué les sucederá si obedecen o desobedecen.

Lee Deuteronomio 27.

Cuarto Día

Lee Deuteronomio 28: 1-19. Escribe los aspectos en los cuales el pueblo sería bendito o maldito.

Quinto Día

Lee Deuteronomio 28:20-68. Escribe una lista de lo que aprendas sobre la dispersión de los hijos de Israel a causa de su desobediencia. Esta información será muy valiosa cuando estudies la historia de Israel.

Sexto Día

Lee Deuteronomio 29. Marca la palabra *pacto* y haz una lista de lecciones que aprendes.

Séptimo Día

Para guardar en tu corazón: Deuteronomio 29:29. Para leer y discutir: Deuteronomio 28:20-41, 47-68. Al considerar esto, repasa la historia de Israel. (Encontrarás un resumen de la historia de Israel en tu Biblia de Estudio Inductivo).

Preguntas Opcionales Para la Discusión o Estudio Individual

֍ ¿Cuáles eran las maldiciones que vendrían sobre Israel si no obedecían a Dios y caminaban en Sus estatutos? ¿Qué aspectos de sus vidas serían afectados por estas maldiciones? Escribe una lista de ellas en el pizarrón.

∾ Piensa sobre la historia de Israel. ¿Cayeron algunas de estas maldiciones sobre ellos? ¿Cuándo? ¿Cómo? Anótalas en el pizarrón junto a cada maldición que se les dijo que recibirían.

∾ ¿Está todavía vigente alguna de ellas? Si la respuesta es sí, ¿cómo lo sabes? ¿Por qué dices que están aún vigentes?

∾ ¿Qué aprendes de Dios según estas maldiciones y la historia de Israel?

∾ ¿Crees que aquellos que profesan conocer al Señor Jesucristo y viven quebrantando los preceptos de amor, obediencia y conducta dados en Deuteronomio, escaparán de alguna manera al juicio de Dios? Apoya tu respuesta bíblicamente.

∾ ¿Pasaron estas cosas como el Señor dijo? ¿Qué te confirma tu respuesta acerca de tu Dios y Su Palabra?

PENSAMIENTO PARA LA SEMANA

Muchas veces estamos deseosos de examinar lo escondido o desconocido. Podemos incluso dejarnos llevar fácilmente por el maestro, predicador o celebridad que nos muestra las cosas que otros han pasado por alto; cosas secretas, ocultas o aquellas que sólo son entendidas por un grupo élite de cristianos.

Cuando esto se convierte en nuestro interés principal, tenemos que recordar que las cosas que Dios quiere que conozcamos se encuentran entre Génesis 1:1 y Apocalipsis 22:21. No están ocultas, sino reveladas en la enseñanza clara de la Palabra de Dios. Es nuestra responsabilidad tomar tiempo para familiarizarnos por completo con el contenido bíblico. La Palabra de Dios pertenece a ti y tus hijos para siempre, para que cumplan todos Sus preceptos.

Algunos podrán decir: "¡No tengo tiempo, sólo el necesario para sobrevivir!" Si escuchas esta excusa, sugiérele a esa persona que haga un diario del tiempo que invierte leyendo el periódico, revistas, libros o mirando la televisión. ¿Y qué diremos del tiempo que se dedica a intereses que van más allá de lo necesario para ganar lo razonable (no un estilo de vida lujosa, sino normal)?

Si quieres vivir agradando a tu Dios, sencillamente vive de acuerdo a lo que Él te ha dado en Su Libro. Entonces escucharás: "Bien hecho, mi buen y fiel siervo".

SEXTA SEMANA

PRIMER DÍA

Lee Deuteronomio 30. Señala las palabras *corazón* y *ames*. Escribe qué aprendes al marcalas.

SEGUNDO DÍA

Con el capítulo 31 llegamos a la última sección de Deuteronomio que contiene las palabras finales, el canto y la bendición de Moisés. Además nos narra Su muerte. Continúa marcando las palabras clave escritas en tu separador y examina cada capítulo con la ayuda de las seis preguntas básicas.

Lee Deuteronomio 31. Marca la frase *sean firmes y valientes*[20] y cada referencia al libro de la ley que escribió Moisés. En el margen escribe una lista de todas las cosas que debían hacer con la ley de Moisés.

TERCER DÍA

Lee Deuteronomio 32:1-18. Marca cada referencia a la Roca. Además escribe qué aprendes sobre ésta. Presta especial atención a lo que aprendas sobre Israel en este capítulo. Escribe qué lleva a la caída de Israel y las consecuencias de esto.

Jesurún se refiere a Israel en 32:15.

CUARTO DÍA

Lee Deuteronomio 32:19-52. Sigue las instrucciones de ayer. Mientras continúas escribiendo tu lista de lo que aprendes referente a la Roca; recuerda que esto lo escribió un hombre a quien se le prohibió entrar a la tierra prometida después de haber guiado a los hijos de Israel fielmente por el desierto durante cuarenta años. ¿Qué te dice esto acerca de Moisés y Dios?

QUINTO DÍA

Lee Deuteronomio 33. Marca los nombres de las tribus de Israel y observa con cuidado qué se dice sobre cada una de ellas. Marca cada vez que encuentres referencias a *ellos* seguidas por un verbo en tiempo futuro y escribe que harán.

SEXTO DÍA

Lee Deuteronomio 34. Escribe qué aprendes acerca de Moisés y Josué. No olvides señalar todas tus impresiones acerca de Moisés.

SÉPTIMO DÍA

 Para guardar en tu corazón: Deuteronomio 32:46,47a.

Para leer y discutir: Deuteronomio 32:1-47. Piensa en todo lo que aprendas acerca de Dios sólo en este pasaje.

Preguntas Opcionales Para la Discusión o Estudio Individual

༄ ¿Qué aprendes acerca de Dios según el canto de Moisés en Deuteronomio 32? Escribe una lista de lo que aprendas sobre el carácter de Dios y Su forma de actuar.

༄ ¿Cómo debiera afectar este conocimiento tu manera de vivir? Busca las enseñanzas que has escrito acerca de Dios y luego discute las formas prácticas en que debieran afectar tu vida.

༄ ¿Te sorprende que Moisés dijera esas cosas cuando después de servir a Dios por ochenta años no le permitiría entrar en la tierra prometida? ¿Qué te dice esto acerca de Moisés? ¿De Dios?

༄ ¿Qué valor tienen las lecciones que aprendiste en Deuteronomio para ti como hijo de Dios en esta época de la historia?

༄ ¿Cómo murió Moisés? ¿Quién fue su sucesor? ¿Piensas que fue una elección acertada? ¿Por qué? ¿Qué sabes acerca de Josué?

Pensamiento Para la Semana

Piensa en todo lo aprendido acerca de Dios, Su carácter y Su manera de actuar. También, piensa en Israel. En el libro de Deuteronomio, Dios expresó con claridad los acontecimientos que llevaron a los israelitas a salir de la tierra de Egipto, fuera de la casa de servidumbre y hasta la misma entrada de la tierra prometida por Dios a Abraham hace cientos de años. Además, Dios les dio instrucciones claras de cómo debían vivir al entrar a esa tierra que fluía leche y miel. Él les dio los estatutos y decretos que debían guardar, que abarcaban todos los aspectos de su vida y que los apartaría de las otras naciones. Él les explicó con claridad las bendiciones que tendrían si caminaban en obediencia a esos estatutos y decretos, tanto como las consecuencias si los desobedecían. Hasta Moisés, su líder fiel, fue un testimonio de que las palabras de Dios significan exactamente lo que dicen. Él no alteraría las palabras que salieron de Su boca, ni con relación a Moisés. Moisés le rogó a Dios que le permitiera entrar en la tierra prometida, pero Dios no podía ceder.

Moisés reconoció y confesó ante toda la nación, que la obra de Dios es perfecta, que todos Sus caminos son justos: "Dios de fidelidad y sin injusticia, Justo y recto es Él" (Deuteronomio 32:4).

En Sus palabras finales a través de Moisés, Dios también dio a conocer a Su pueblo que aunque ellos no lo escucharan y las maldiciones vinieran sobre ellos, Él haría expiación por Su tierra y Su pueblo.

Ésta fue la esperanza de Israel y es la tuya también. Guarda estas palabras en tu corazón. No son palabras vanas; son, sin lugar a dudas, tu vida.

PANORAMA GENERAL DE DEUTERONOMIO

Tema de Deuteronomio

<small>DIVISIÓN POR SECCIONES</small>

		TEMA DE LOS CAPÍTULO	
		1	*Autor:*
		2	
		3	*Trasfondo*
		4	*Histórico:*
		5	
		6	
		7	*Propósito:*
		8	
		9	
		10	
		11	*Palabras*
		12	*Clave:*
		13	
		14	
		15	*(incluyendo*
		16	*sinónimos)*
		17	
		18	
		19	
		20	
		21	
		22	
		23	
		24	
		25	
		26	
		27	
		28	
		29	
		30	
		31	
		32	
		33	
		34	

NOTAS

GÉNESIS

1. NVI: Y vino la noche y llegó la mañana: ese fue el _____ día.
2. RV: Según su, conforme a. NVI: en sus respectivos, con sus
3. RV: lenguaje. NVI: idioma
4. RV: alianza.
5. RV: obedeciste.
6. RV: alianza.
7. RV: alianza.

ÉXODO

1. RV: pruebe
2. NVI: murmurando
3. RV: restituir. NVI: restituir.
4. RV: clamare. NVI: piden ayuda.
5. RV: alianza.
6. RV: tabernáculo.
7. RV: concierto.
8. NVI: ministerio que trae condenación.

LEVÍTICO

1. RV: Y llamó Jehová a Moisés.
2. RV: tabernáculo del testimonio.
3. RV: expiarle. NVI: propiciación.
4. NVI: ofrenda presentada por fuego.
5. RV: oblación.

6. RV: sacrificio de paces. NVI: sacrificio de comunión
7. RV: por su pecado. NVI: su pecado.
8. RV: por yerro. NVI: viole inadvertidamente.
9. RV: por su pecado. NVI: culpa del pecado
10. RV: pagará aquello.
11. RV: restituirá. NVI: deberá devolver.
12. RV: gloria de Jehová.
13. NVI: impuro.
14. NVI: infección.
15. NVI: enfermedad infecciosa.
16. NVI: impuro.
17. NVI: impureza.
18. RV: expiación. NVI: sacrificio expiatorio.
19. NVI: relaciones sexuales.
20. RV: solemnidad de los ázimos sin levadura.
21. RV: primicias. NVI: primicias.
22. RV: solemnidad de las cabañas. NVI: Fiesta de las Enramadas.
23. NVI: pronunciar el nombre del Señor a la ligera.
24. RV: año de holganza.
25. NVI: compatriota.
26. RV: rescate. NVI: rescate.
27. RV: sábados. NVI: sábados
28. RV: santificar.
29. RV: estimación. NVI: se pagará

NÚMEROS

1. RV: con la cuenta. NVI: anotando
2. RV: y habló Jehová.
3. RV: tabernáculo.
4. NVI: servicio militar.
5. RV: traición.

6. RV: María.
7. RV: por yerro. NVI: pecado inadvertido.
8. RV: con altiva mano. NVI: deliberadamente.
9. NVI: constantes quejas.
10. RV: hijos de Israel.
11. RV: vaca. NVI: vaca.
12. RV: roca. NVI: roca.
13. RV: tomar la suma.
14. RV: estancias. NVI: ruta.
15. RV: tendréis. NVI: frontera.
16. RV: ciudades de acogimiento.
17. RV: pariente del muerto. NVI: vengador.
18. RV: homicida.
19. RV: matará al homicida. NVI: lo matará.
20. RV: posesión.
21. RV: poseyere. NVI: herede.

DEUTERONOMIO

1. NVI: no se dejen intimidar.
2. NVI: ordeno
3. RV: diste oído. NVI: no obedecieron.
4. NVI: obedece.
5. RV: guarda. NVI: presten atención.
6. RV: oír. NVI: oiga.
7. RV: guárdate. NVI: tengan cuidado.
8. RV: alma.
9. RV: muerto.
10. NVI: bendecido.
11. NVI: expiarás el mal.
12. NVI: décima parte.
13. RV: mendigo. NVI: pobres.
14. RV: agorero. NVI: brujería.

15. RV: pariente del muerto. NVI: vengador del delito de sangre.
16. NVI: batalla.
17. NVI: nadie.
18. RV: gente. NVI: país.
19. RV: Jehová.
20. RV: esforzáos y cobrad ánimo. NVI: sean fuertes y valientes.

Notas del Estudio Personal

Notas del Estudio Personal

Notas del Estudio Personal

Acerca De Ministerios Precepto Internacional

Ministerios Precepto Internacional fue levantado por Dios para el solo propósito de establecer a las personas en la Palabra de Dios para producir reverencia a Él. Sirve como un brazo de la iglesia sin ser parte de una denominación. Dios ha permitido a Precepto alcanzar más allá de las líneas denominacionales sin comprometer las verdades de Su Palabra inerrante. Nosotros creemos que cada palabra de la Biblia fue inspirada y dada al hombre como todo lo que necesita para alcanzar la madurez y estar completamente equipado para toda buena obra de la vida. Este ministerio no busca imponer sus doctrinas en los demás, sino dirigir a las personas al Maestro mismo, Quien guía y lidera mediante Su Espíritu a la verdad a través de un estudio sistemático de Su Palabra. El ministerio produce una variedad de estudios bíblicos e imparte conferencias y Talleres Intensivos de entrenamiento diseñados para establecer a los asistentes en la Palabra a través del Estudio Bíblico Inductivo.

Jack Arthur y su esposa, Kay, fundaron Ministerios Precepto en 1970. Kay y el equipo de escritores del ministerio producen estudios **Precepto sobre Precepto,** Estudios **In & Out**, estudios de la **serie Señor,** estudios de la **Nueva serie de Estudio Inductivo,** estudios **40 Minutos** y **Estudio Inductivo de la Biblia Descubre por ti mismo para niños.** A partir de años de estudio diligente y experiencia enseñando, Kay y el equipo han desarrollado estos cursos inductivos únicos que son utilizados en cerca de 185 países en 70 idiomas.

Movilizando

Estamos movilizando un grupo de creyentes que "manejan bien la Palabra de Dios" y quieren utilizar sus dones espirituales y talentos para alcanzar 10 millones más de personas con el estudio bíblico inductivo.
Si compartes nuestra pasión por establecer a las personas en la Palabra de Dios, te invitamos a leer más. Visita **www.precept.org/Mobilize** para más información detallada.

Respondiendo Al Llamado

Ahora que has estudiado y considerado en oración las escrituras, ¿hay algo nuevo que debas creer o hacer, o te movió a hacer algún cambio en tu vida? Es una de las muchas cosas maravillosas y sobrenaturales que resultan de estar en Su Palabra – Dios nos habla.

En Ministerios Precepto Internacional, creemos que hemos escuchado a Dios hablar acerca de nuestro rol en la Gran Comisión. Él nos ha dicho en Su Palabra que hagamos discípulos enseñando a las personas cómo estudiar Su Palabra. Planeamos alcanzar 10 millones más de personas con el Estudio Bíblico Inductivo.

Si compartes nuestra pasión por establecer a las personas en la Palabra de Dios, ¡te invitamos a que te unas a nosotros! ¿Considerarías en oración aportar mensualmente al ministerio? Si ofrendas en línea en **www.precept.org/ATC**, ahorramos gastos administrativos para que tus dólares alcancen a más gente. Si aportas mensualmente como una ofrenda mensual, menos dólares van a gastos administrativos y más van al ministerio.
Por favor ora acerca de cómo el Señor te podría guiar a responder el llamado.

COMPRA CON PROPÓSITO
Cuando compras libros, estudios, audio y video, por favor cómpralos de Ministerios Precepto a través de nuestra tienda en línea (**http://store.precept.org/**) o en la oficina de Precepto en tu país. Sabemos que podrías encontrar algunos de estos materiales a menor precio en tiendas con fines de lucro, pero cuando compras a través de nosotros, las ganancias apoyan el trabajo que hacemos:

• Desarrollar más estudios bíblicos inductivos
• Traducir más estudios en otros idiomas
• Apoyar los esfuerzos en 185 países
• Alcanzar millones diariamente a través de la radio y televisión
• Entrenar pastores y líderes de estudios bíblicos alrededor del mundo
• Desarrollar estudios inductivos para niños para comenzar su viaje con Dios
• Equipar a las personas de todas las edades con las habilidades es estudio
    bíblico que transforma vidas

Cuando compras en Precepto, ¡ayudas a establecer a las personas en la Palabra de Dios!

CPSIA information can be obtained
at www.ICGtesting.com
Printed in the USA
BVHW050844210323
660844BV00014B/372